Elementaj
principoj
de milita
propagando

Elementaj principoj de milita propagando
Originala eldono: *Principes élémentaires de propagande de guerre. Utilisables en cas de guerre froide, chaude ou tiède...*
Éditions Aden, 2022 - ISBN 978-2-805901-06-5
www.aden.be

Tradukis: Jean-Claude Thumerelle
Kontrolis: Klaus Friese, Xavier Godivier, Goro Christoph Kimura, Éric Nemes, Thierry Tailhades, Pascal Vilain
Enpaĝigis: Emmanuelle Richard
Kovrilpaĝo laŭ desegno de andrydj/ freepik.com

Eldonita de Espéranto-France, kun la permeso de Anne Morelli
Presita de lulu.com
Leĝa depono: februaro 2024

ISBN : 978-2-494261-00-6

Dépôt légal : février 2024
Espéranto-France
4 bis rue de la Cerisaie
75004 Paris
France
https://esperanto-france.org/

Anne Morelli

ELEMENTAJ PRINCIPOJ DE MILITA PROPAGANDO

uzeblaj dum malvarma, varma aŭ varmeta milito...

Antaŭparolo

Kial tiu traduko?

Dum la jaro 2022 okazis en Mons (Belgio) rimarkinda ekspozicio kies titolo estis: Rezisti al la militpropagando (dek elementaj principoj).

Ĉar la prezentitaj dokumentoj de la ekspozicio estis kreitaj laŭ la plano kaj la fundamentaj elementoj, kiujn entenas la verko de Anne Morelli, mi malkovris ĝin tiaokaze, kvankam ĝi estis eldonita ekde 2010.

En la librovendejo de Mundaneum, kultura centro kiu organizis la ekspozicion, mi povis aĉeti la libron kaj mi tuj komprenis post ĝia legado, ke tiu verko devas trovi lokon en la listo de la verkoj publikigitaj esperante.

Ĉar la pacista idealo estas ĉefa fundamento de Esperanto, mi pensis ke la informoj kaj pripensoj de la aŭtorino, kiuj restas tre aktualaj, povas esti tre utilaj por la esperantista komunumo.

Pro tio mi decidis traduki la libron kaj mi esperas ke multaj esperantoparolantoj trovos saman intereson en ĝia legado.

Jean-Claude Thumerelle

Mi kore dankas Klaus kaj Éric por iliaj relegoj, konsiloj, rimarkoj, kiuj multe helpis min.

Dankon Lord Ponsonby!

Kiam la Libera Universitato de Bruselo konfidis al mi la kurson de historia kritiko, profesoro Stengers nepre konsilis al mi du verkojn kiel referencajn librojn kaj pilierojn de tiu kurso.

La unua estis la libro de Jean Norton Cru pri la atestoj, kiuj kontraŭstaris multnombrajn ideojn pri la vereco de la rakontoj de la atestantoj dum milita periodo[1].

La dua estis la perpleksiganta verko de Arthur Ponsonby eldonita en Londono en 1928 kies titolo estas *Falsehood in Wartime*[2].

La verkisto estas si mem fascina persono pri kiu necesas interesiĝi dum iom da tempo ĉar el lia stimulanta pripenso pri la milita propagando dum la Unua Mondmilito naskiĝis, preskaŭ unu jarcento poste, tiu ĉi malgranda verko.

Arthur Ponsonby (1871-1946) originas el unu inter la plej eminentaj britaj familioj. Efektive tiu barono eĉ naskiĝis en la kastelo Windsor, ĉar lia patro estis neniu alia ol la privata sekretario de la reĝino Viktoria.

Post studoj en Eton kaj Oxford – tiel estas necese en tiu medio – li eniris en la britan diplomation, kaj poste, kiel membro de la Liberala Partio (tio estis jam aŭdaca!) en la Ĉambron de komunuloj.

Li kontraŭstaris la eniron en militon de Britio en 1914 kaj aliĝis (tio estas ankoraŭ malpli ordinara por aristokrato de tiu epoko!) al la Laborista Partio.

Li estis la reprezentanto de la partio en la Ĉambro de komunuloj kaj poste en la Ĉambro de lordoj.

Li kunlaboris kun la laboristaj registaroj kaj iĝis interalie ŝtata subsekretario pri eksterlandaj aferoj kaj ministro pri transportoj.

Kiam, en 1940, la Laborista Partio aliĝis al la Sankta Unio[*], Arthur Ponsonby, fidela je siaj pacistaj konvinkoj, rompis kun ĝi.

En Oktobro 1914 li fondis, kun tre famaj anglaj liberaluloj (Norman Angell, Edmund D. Morel kaj Trevelyan) kaj la gvidanto de la Laborista Partio Ramsay Mac-Donald, la *Union of Democratic Control* (UDC: Unio por Demokratia Kontrolo). Ĝia celo estis kontroli konstante kaj publike la eksteran politikon de Britio. Malgraŭ la persekutoj kontraŭ ĝiaj membroj[3], la Unio publikigis dum kaj post la Granda Milito pamfletojn luktantajn kontraŭ la oficiala propagando de la brita registaro. Ĝi plivastigis sian agadon eksterlande, interalie per la monata revuo *Foreign Affairs*, kiu havis kiel subtitolon *A Journal of International Understanding*.

En Francio UDC, de kiu Arthur Ponsonby estis unu el la fond-intoj, havis inter siaj kunlaborantoj la Studsocieton pri la milito kaj la Union popolan por la paco kaj ĝi patronis la eldonadon de la verko de Georges Demartial kies totolo estis *Comment on mobilisa les consciences*[4].

Arthur Ponsonby[5] estis pacisto kaj evidente ne neis, ke la milito estas la okazo de multnombraj kruelaĵoj, de perfortaj agadoj kaj barbaraĵoj, sed, en sia libro, li celis malkonstrui plurajn mensogojn inventitajn kaj disvastigitajn dum la Unua Mondmilito por inspiri, al la diversaj loĝantaroj koncernataj, indignon, teruron kaj malamegon, por eksciti la popolajn fervorojn kaj, rilate Brition kie la milita servo ne estis deviga, ebligi la dungadon de volontuloj laŭ sufiĉa nombro.

Li priskribis mensogojn konigitajn en Usono kaj en Italio, sed ĉefe tiujn, kiujn li povis analizi dank' al sia pozicio en Britio, kie la oficiala oficejo de propagando estis prizorgata de Lord Northcliffe.

---

[*] Nomo donita al la politika movado, kiu kunigis la francojn de ĉiuj politikaj aŭ religiaj tendencoj je la komenco de la Unua Mondmilito. (Noto de la tradukinto)

Arthur Ponsonby priskribis tiamaniere kelkajn esencajn mekanismojn de la milita propagando, kiujn oni povas resumi en dek "ordonoj".

Tiujn dek "ordonojn" mi sistemigis en dek ĉapitroj, kiuj estigas la kanvason de tiu libro. Por ĉiu de tiuj esencaj principoj de la milita propagando, mi strebis demonstri, ke ili evidente ĉeestis ne nur en la Unua Mondmilito kaj ke, ekde tiu tempo, ili estas uzataj regule de la partoprenantoj, dum konfliktoj eĉ inter la pli freŝdataj.

Mi ne provos inspekti la ĝustecon de iuj aŭ aliaj. Mi ne intencas scii, kiu mensogas kaj kiu esprimas veraĵon, kiu estas sincera aŭ malsincera. Mia sola celo estas ilustri la principojn de la propagando ĝenerale uzatajn kaj priskribi iliajn mekanismojn.

Kaj se la demonstro estas pli facila por la "varmaj" militoj, la "malvarmaj" aŭ "malvarmetaj" ne rezignas ankaŭ uzi la maljunajn principojn de Ponsonby, tiom oportunajn kaj efikajn.

1. Ni ne deziras militon

Arthur Ponsonby jam rimarkis, ke la politikaj estraroj de ĉiuj landoj, almenaŭ en la moderna historio, antaŭ militdeklaro aŭ eĉ dum la momento fari tiun deklaron, ĉiam solene certigis antaŭe, ke ili ne deziras la militon.

Efektive milito kaj ĝiaj sekvantaj teruraĵoj estas malofte popularaj apriore kaj do estas bonmaniera sinteno prezenti sin kiel pacamanto.

En 1914, la franca registaro mobilizis proklamante, ke mobilizado ne estas milito sed, male, la plej bona rimedo por certigi pacon.

La 19-an de Aŭgusto 1915, la germana kanceliero certigis al Reichstag: *Ni ne deziris la militon. De la kreado de la imperio, ĉiu jaro en paco donis al ni gajnon: en la paco ni prosperis.*

Dum la Konferenco de Vaŝingtono novembre 1921 pri la redukto de la armiloj, Aristide Briand, amnezia rilate la francajn koloniajn militojn, pri tiuj de Napoleono aŭ de Ludoviko la 14-a kaj rilate la francajn postulojn en Versajlo, senĝene certigis: dum ĝia historio neniam la franca popolo estis imperiista aŭ militista, neniam ankaŭ venkinta popolo estis aginta kun la modereco de Francio.

La Dua Mondmilito ne estas escepto al tiu regulo kaj, se ni ne estas surprizitaj ke niaj aliancanoj deklaris sin inklinaj al la paco, ni malkovras kun stuporo la saman inklinon por la Akso-potencoj.

Estas tre instrue, por ekzempli, vidi la kinematografajn novaĵojn proponitajn en Usono kaj Japanio kiam tiuj du landoj komencis militi en Decembro 1941. Ĉar la generalo Tōjō kaj la prezidanto Roosevelt en tiu cirkonstanco faris paroladon per preskaŭ la samaj vortoj. Ili prezentis sin kiel pacistojn kaj kontraŭstarantojn al la milito.

Estas ofta temo en la paroladoj de Franklin Roosevelt. Oni denove trovas ĝin la 16-an de Majo kaj la 10-an de Julio 1940 en lia mesaĝo al Kongreso, en kiu li petis enormajn kreditojn por ekprepari armeon de pli granda amplekso kaj pli bone organizita, kaj kie li asertis: *Ne nur ĉiu usona civitano sed ankaŭ ĉiu registaro en la mondo scias, ke ni kontraŭstaras militi. Ni ne uzos armilojn en agresa milito; ni ne sendos niajn soldatojn partopreni militojn en Eŭropo. Sed ni forpelos la agreson kontraŭ Usono aŭ okcidenta hemisfero*[6].

Sed Hitler, la marŝalo Göring kaj von Ribbentrop ne malsimile parolis en 1939, nek aliparte la prezidanto de la franca Konsilio Édouard Daladier, kiu, sincere sendube, provis forpuŝi la militon...

Se oni konsultas, dum la periodo ĵus antaŭ la Dua Mondmilito, la diplomatajn dokumentojn eldonitajn de la franca registaro[7], la malakordaj ekzemploj de tiuj "deziroj de paco" abundas.

Jam en 1936, en la interkonsento aŭstra-germana subskribita de la Reich-estraroj kaj de la Federacia ŝtato de Aŭstrio, tiuj deklaris ŝanĝi siajn rilatojn *kun la konvinko alporti multvaloran kontribuon en la ĝenerala evoluo de Eŭropo por konservi la pacon.*

Dum la krizo, kiu finiĝis per la dispartigo de Ĉeĥoslovakio, Hitler deklaris en sia parolado en la Sportopalaco de Berlino, la 26-an de Septembro 1938, pri sia renkonto kun Chamberlain: *mi certigis lin ke la germana popolo nenion alian ol pacon deziras; sed mi ankaŭ deklaris, ke mi ne povas pli foren puŝi la limojn de nia pacienco.*

En la sama parolado – unu jaron antaŭ la invado de Pollando – li citis la germanan-polan interkonsenton kiel modelon: *Ni ĉiuj estas konvinkitaj, ke tiu interkonsento alportos daŭran pacigon. Ni konscias, ke estas du popoloj, kiuj devas vivi unu apud la alia. La decida elemento estas ke la du registaroj kaj ĉiuj homoj saĝaj kaj klarvidaj de la du landoj tenu la deziron senĉese plibonigi siajn rilatojn.*

Tiu "volo de paco" estas vere unu el la senĉesaj ripetoj en la Führer-deklaroj.

Al la ambasadoro de Francio en Berlino li deklaris, pri la rilatoj inter Francio kaj Germanio: *pri tiuj rilatoj mi deziras, ke ili estu pacaj kaj bonaj, kaj mi ne vidas kaŭzojn por ke ili ne estu tiaj. Neniu motivo de konflikto ekzistas inter Germanio kaj Francio*[8].

La 15-an de Marto 1939, la interkonsento subskribita de Hitler kaj de la prezidanto de la ĉeĥoslovaka ŝtato, D-ro Emil Hácha, kiu ĉesigas la ekziston de Ĉeĥoslovakio, komenciĝas per la esprimo *de la konvinko ke la celo de ĉiuj streboj devas certigi la trankvilon, la ordon kaj la pacon en tiu parto de centra Eŭropo*[9].

Von Ribbentrop, aludante la rilatojn inter Germanio kaj Pollando, deklaris al Monsinjoro Tiso, ĉefo de slovaka registaro: la Führer ne deziras militon. Li decidos ĝin nur kontraŭ sia volo[10]. Ankaŭ Göring, alparolante al la laboristoj de Rheinmetall en la komenco de Aŭgusto 1939, volis certigi al ili, ke la Reich ne deziris la militon, ke li atendis, serena kaj plena de konfido al la Führer, la pacon kiun li deziris, sed ke li defendus sin se oni malpermesus tiun pacon aŭ se iu stulte agus por dronigi Eŭropon en milito[11].

Hitler, skribante al la prezidanto de la franca Konsilio de la ministroj Édouard Daladier la 27-an de Aŭgusto 1939, certigis al li sian pacodeziron per vortoj preskaŭ kortuŝantaj se oni ne sciis la perforton de liaj realaj projektoj, delonge jam ellaboritaj: *Kiel eksbatalanto, mi konas kiel vi la teruron de la milito. Pro tiu mensa sinteno kaj pro tiu sperto mi ankaŭ provis fidele nuligi ĉiun kaŭzon de konflikto inter niaj du popoloj.*

Li certigis, ke li rezignis pri Alzaco kaj Loreno: *Per tia rezigno kaj per tia konduto, mi pensis ke mi nuligis ĉiun elementon de malpaco inter niaj du popoloj kiu kapablus konduki al la ripeto de la tragedio de 1914-1918 [...] Mi rezignis pri Alzaco por preventi novan sangoverŝon.*

Samtempe Hitler skribis ankaŭ al la brita registaro por ĝin konvinki pri siaj pacaj intencoj. Ankoraŭfoje li asertis, ke *la Reich-registaro sincere deziras akordon, kunlaboron kaj anglan-germanan amikecon.*

Kiam li kunvokis la Reichstag, la 1-an de Septembro 1939, por sciigi la invadon de Pollando, Hitler nepre certigis siajn pacajn sentojn kaj siajn klopodojn por konservi la pacon: *Mi ĉiam provis obteni la revizion de tiu situacio per pacaj rimedoj. Estas mensogo pretendi ke ni ĉiam uzas perforton. En ĉiu situacio, ne nur unufoje sed plurfoje, mi provis obteni la neprajn ŝanĝojn laŭ la traktada vojo. [...] Vane mi provis solvi la problemojn rilate Aŭstrion, Sudetojn, Bohemion kaj Moravion [...] Mi deziras, ke en la rilatoj inter Germanio kaj Pollando, okazu plenŝanĝo, kiu ebligas pacan kunlaboron de la du popoloj.*

Estas evidente paralela prezento – sed ĝi malpli surprizas nin – en nia flanko.

En interparolado de la 15-a de Aŭgusto 1939, la ambasadoro de Francio en Berlino pentris al la germana ŝtatosekretario pri eksterlandaj aferoj bildon de Francio ĵus antaŭ la "stranga milito", *kiel laborema, kvieta kaj paca, sed decida al ĉiuj oferoj por la defendo de sia honoro kaj de sia statuto en la mondo.*

La 2-an de Septembro 1939, sciigante al la Ĉambro de Deputitoj la ekmiliton, Édouard Daladier uzis denove tiun temon kaj – forgesante la kolonian pasintecon de Francio – ekkriis: *Ne estas la francoj, kiuj leviĝus por invadi teritorion de fremda lando.* Lia "Voko al la Nacio" de la 3-a de Septembro havis ankaŭ kiel centran punkton la certigon de sia pacodeziro: *Mi konscias,* diris en tiu kunteksto la prezidanto de la Konsilio, *ke mi laboris sen paŭzo kaj ripozo kontraŭ la milito ĝis la lasta minuto*[12].

Saman pacistan volon esprimis freŝdataj deklaroj. Kiam, en Oktobro 2019, la turka prezidanto Recep Tayyip Erdoğan sendis sian armeon al nordo de Sirio, por ke ĝi provu senkapabligi la kurdojn de la armita branĉo de la Partio de la Demokrata Unio, Ankaro baptis tiun militan operacon "Fonto de Paco".

Oni retrovas la saman amon por paco en la diraĵoj de Donald Trump. En Januaro 2020, la usona prezidanto ordonis misilan pafon, kiu mortigis la iranan generalon Qassem vizitantan Bagdadon.

La irana reago estis vigla: 22 misiloj estis pafitaj al la usonaj bazoj de la regiono. Trump tamen prezentis sian strategion kiel "Planon por paco en Proksima Oriento" kaj la ĵurnalo *Le Figaro* titolis artikolon: "Irano mobilizas kontraŭ la planon por paco de Donald Trump[13]."

Eĉ la milita alianco de NATO, kiu bombis dum tri monatoj Jugoslavion – kiu neniun membron minacis – kaj atakis Irakon, proklamis, ke ĝia celo estas garantii daŭran pacon.

Se ĉiuj ŝtatestroj kaj registarestroj havas similan pacovolon, oni povas evidente demandi sin naive kial, kelkfoje (kaj eĉ ofte) malgraŭ tio komenciĝas militoj?

Sed la dua principo de la milita propagando tuj respondas al tiu rimarko: ni estis **truditaj** militi, la **adversa** flanko komencis, ni estas **devigitaj** reagi, pro **legitima defendo** aŭ por respekti niajn internaciajn **interkonsentojn**...

2. Nur la alia flanko respondecas pri la milito

Arthur Ponsonby jam notis tiun paradokson dum la Unua Mondmilito, kiun sendube oni povus retrovi en multaj antaŭaj militoj, ĉiu flanko certigis ke ĝi estis devigita militdeklari por malpermesi la alian dronigi la planedon en sangon kaj fajron.

Ĉiu registaro laŭte kaj vigle eldiris la nesolveblan kontraŭdiron laŭ kiu kelkfoje oni devas militi por ĉesigi la militojn. Tiu ĉi milito estus la lasta milito, la "der des ders" ("lasta de la lastaj" en la franca).

Sciante perfekte ke la samtempa mobilizado de Rusio kaj Francio instigos Germanion al militdeklaro, la franca registaro mobilizis kaj atendis la germanan militdeklaron por certigi, tra la mesaĝo de la ŝtatestro kaj la diskurso de la ĉefo de la franca registaro la 4-an de Aŭgusto 1914, ke se Francio eniris en militon, tio estas por li profunda surprizo kaj nur pro la agreso *subita, indigna, perfida, nekredebla* de Germanio. Evidente li tute forgesas aludi siajn traktatojn kun Rusio. Por kredigi al sola kaj tuta respondeco de Germanio en la militdeklaro de la Unua Mondmilito, la franca *Livre jaune* (Flava libro), kolekto de diplomatiaj raportoj, preterlasis dokumentojn kaj kripligis aliajn, por ke nenio estu videbla rilate la francajn-rusajn interkonsentojn kaj la rusan mobilizadon.

La franca historiisto Ernest Lavisse, en sia inaŭgura prelego de la beletra universitato de Parizo, la 5-an de Novembro 1914, certigis: *Ne estus okazinta milito se Germanio ne estus dezirinta ĝin,* **sola** [mi mem substrekas] *ĝi volis la militon.*

Laŭ la sama vidpunkto, *Le Matin* de la 1-a de Aŭgusto 1914 asertis: *Ĉion, kio estis necesa por malhelpi la militon, ni faros. Sed se ĝi komenciĝos, ni salutos ĝin kun grandega espero.* Kaj *Le Temps* de la 2-a de Aŭgusto 1914 skribis: *Ĉar tiu milito estas* **trudita** [mi mem substrekas] *al ni, ni plenumos ĝin.*

Evidente estas ĉiam la najbaro kiu estas prezentita kiel la agresanto (sed malofte oni scias klare, kiam la milito komenciĝas, kiu estas la vera agresanto).

Laŭ Luigi Sturzo, fakte la milito estas komencita de tiu inter la kontraŭbatalantoj kiu kredas sin kapabla gajni certe kaj rapide, dank' al la supereco de sia armilaro aŭ al la rapideco de sia ofensivo[14].

Cetere, oni konsideras ke la malamiko, la "alia", neniam respektas la traktatojn. Tiamaniere, laŭ la franca vidpunkto, la germanoj ne respektis en 1914 la porĉiaman konvencion kiu, ekde 1839, agnoskis la neŭtralecon de Belgio.

Laŭ la francoj, la traktatoj estis por la germanoj nur "paperaj ĉifonoj".

Verdire, la traktatoj estas sanktaj nur por tiuj, kiuj profitas de ili kaj estas ĉiam "paperaj ĉifonoj" por tiuj, kiuj havas intereson detrui ilin.

Certe la neŭtraleco de Belgio estis malobservita de la germanoj en 1914, sed ekde 1911 la franca generalo Michel, en raporto al la franca ministro pri Milito, konsilis al li ankaŭ *uzi la plej grandan parton de niaj armeoj por vigla ofensivo en Belgio*[15].

Kun la sama pensmaniero, la angloj planis ekde 1911, kaj interkonsentis pri tio kun la belga stabo, ke en kazo de milito kun Germanio, ili **antaŭgarde** elŝipiĝus en Flandrio[16].

Parizo kaj Londono konsekvence estis senpezigitaj, en Aŭgusto 1914, kiam Germanio devigis Belgion konsenti al la trairo.

Ili tiel havis pretekston por pravigi antaŭ la publika opinio sian ekpartoprenon en la milito. Estis evidente ke estas "la alia" kiu volis ĝin.

Kiam Usono ekmilitis la 2-an de Aprilo 1917, la celo ankaŭ estis **puni la agresojn** [mi mem substrekas] *kontraŭleĝajn de Germanio* *kontraŭ la usonaj civitanoj kaj posedaĵoj kiujn la neŭtraleco de la lando ne plu reale protektis*[17].

Ĉiu flanko tiel prezentas sian ekmiliton kiel reagon al agreso.

La traktato de Versajlo, trudita al Germanio en 1919 post ĝia malvenko, eĉ precizigas, en sia artikolo 231, ke Germanio agnoskas sian tutan respondecon en la milito. *Ĝi kaj ĝiaj aliancanoj respondecas pri ĉiuj malprofitoj kaj damaĝoj suferitaj de la registaroj aliancaj kaj asociitaj kaj iliaj samlandanoj konsekvence pro la milito, kiu estis* **altrudita** [mi mem substrekas] *per la* **agreso** [mi mem substrekas] *de Germanio kaj ĝiaj aliancanoj*[18].

Tamen post la milito, la Aliancanoj povis agnoski, ke tiuj respondecoj estis ĉiuflanke.

Tiel Poincaré diris, en 1925: *Mi ne pretendas ke Aŭstrio kaj Germanio unue havis intencon konscian kaj bone pripensitan provoki ĝeneralan militon. Ne ekzistas dokumentoj kiuj permesas al ni supozi ke en tiu periodo ili faris iun sisteman projekton.*

Pri Francesco Nitti, eksprezidanto de la itala Konsilio, li konfesis post la milito ke la sola respondeco de la malamiko estis fakte mito de milito: *Mi ne povas diri ke Germanio kaj ĝiaj aliancanoj estis solaj respondeculoj pri la milito kiu detruegis Eŭropon... Ĉiuj ni asertis tion dum la milito kaj tio estis uzebla armilo dum tiu periodo; tion nun kiam la milito estas finita oni ne plu povas uzi kiel serioza argumento...Kiam eblos trarigardi zorge la diplomatiajn dokumentojn de la milito kaj kiam la forpasinta tempo permesos al ni kviete prijuĝi ilin, ni konstatos ke la sinteno de Rusio (alianciano de Francio) estis la reala kaj profunda kaŭzo de la tutmonda konflikto.*

Oni povus kredi ke, post dudek kvin jaroj, la temo ne estus daŭre uzebla por generacio dolore afliktita per nova "der des ders" sed tamen ĝi estis ankoraŭ tre uzita en la du flankoj ĵus antaŭ la Dua Mondmilito.

Ni bone konas, ĉar ni lernis ĝin en la lernejo, niaflankan vidpunkton. La sorto de la malfeliĉa Aŭstrio, aneksita kontraŭ sia volo de Germanio, de la malfeliĉa kaj paca Ĉeĥoslovakio, dispecigita, same kiel de la malfeliĉa kaj demokrata Pollando, al kiu oni volis forpreni ĝian trairejon al la maro, estas la provokoj de la Akso, **devigintaj** Francion kaj Anglion militdeklari al Germanio por ne ripeti la hontindajn rezignojn kiuj, ekzemple, forlasis Sudetojn al la germana voremo.

Nenio, laŭ tiu angla-franca vidpunkto, pravigis **devigitan** al la ĉeĥoj retransdonon de loĝantoj kaj teritoriojn, krom la timo inspirita de la Reich kaj la nepardonebla cedemo de la ministroj reprezentantaj la demokratiojn.

Francio, ekzemple, akceptis **kontraŭvole** la batalon kaj nur ĉar nerompeble ligita al Ĉeĥoslovakio, kies naskiĝon ĝi patronis. La franca registaro ne povis malhonori sian parolon, la subskribon de Francio kaj sian neeviteblan kaj sanktan devigon.

Tio estas niaflanka vidpunkto, tiu de la venkintoj.

Tamen aperas, ekzemple, ke rilate tiun lastan punkton, neniu traktato devigis Francion aŭtomate helpi Ĉeĥoslovakion.

Ĝi povis fari tion, laŭ sia intereso, sed nenio devigis ĝin al tio nek la konvencio de reciproka helpo, subskribita inter la du landoj en 1924, nek tiu subskribita en Lokarno en 1925.

Per la pakto de 1924 la du landoj sin devontigis *interkonsenti pri la eksteraj demandoj* (artikolo 1) kaj *akordigi unu la alian pri la konvenaj medioj por protekti siajn komunajn interesojn en kazo de minacoj* (artikolo 2) kaj tio certe multe malsimilas al la *devoj de Francio por Ĉeĥoslovakio.*

Pri la interkonsentoj de Lokarno, Francio kaj Ĉeĥoslovakio certe konsentis pri reciproka konvencio de milita helpo fronte al germana agreso, sed tiu franca-ĉeĥoslovaka pakto, en sia lasta artikolo, deklaris sin kaduka se la ĝenerala pakto de Lokarno ne plu validis[19].

Nu estas evidente ke en 1938 la pakto de Lokarno, rompita de longe de siaj diversaj subskribintoj, estis nur historia memoraĵo kaj la pakto franca-ĉeĥoslovaka aŭtomate iĝis kaduka. Sed la francaj estraroj tre atentis ne sciigi tion al la loĝantaro ĉar forgesante precizigi tion, kredigis la ideon de Francio **devigita** militi, milito evidente prezentita kiel defenda.

Daladier, en sia deklaro al la Ĉambro de deputitoj, la 2-an de Septembro 1939 – ĉiam forgesante la kolonian pasintecon de sia lando – certigis: *La heroeco de la francoj estas por **defendo** kaj ne por konkero. Kiam oni vidas starantan Francion, tio signifas ke ĝi konscias esti minacata.*

Kaj en sia "Alvoko al la Nacio" – preterlasante la francajn respondecojn okazintajn pro la traktato de Versajlo – li certigis, la 3-an de Septembro 1939: *Germanio jam rifuzis respondi al ĉiuj valoraj homoj kies voĉo aŭdiĝis lasttempe en la mondo por la paco* [...] *Ni militas ĉar oni devigis nin al tio.*

Do ĉiam la alia flanko havas la tutan respondecon pri la milito.

Tamen sufiĉas rigardi la tekstojn de la epoko por kompreni, ke ni povis simile aserti antaŭ la germana publika opinio, kaj poste antaŭ la japana, ke estis la flanko de niaj aliancanoj kiu **volis** la militon.

Laŭ germana vidpunkto, ekzemple, kaj ne ĉefe nazia, la traktatoj de Versajlo, de Saint-Germain kaj de Trianon estas netolereblaj diktaĵoj kiuj estis altruditaj post necerta venko, por malgrandigi la potencon de Germanio kaj Aŭstrio, dispecigante iliajn imperiojn.

Tiuj traktatoj estis travivitaj kiel humiligoj, kiuj kondukis la malvenkintojn al la plej profunda mizerego kaj disigis de ilia patrujo multnombrajn germanajn minoritatojn. La revizio de tiuj traktatoj estas konsekvence prezentita kiel riparo de maljustaĵo, kiun **rifuzas** la "angloj-francoj".

La "Anschluss", kiu kunigis la 11-an de Marto 1938 Aŭstrion kaj Germanion tute ne estis laŭ tiu vidpunkto perforta ago kaj oni povas memorigi ke tre granda parto de aŭstroj favoris al tio.

Kaj, laŭ la germana vidpunkto, Ĉeĥoslovakio estas angla-franca kreaĵo kontraŭnatura, kiu grupigis artefarite katolikajn slovakojn kaj ĉeĥojn grandparte tre laikigitajn[20] kun gravaj germanaj, hungaraj, rutenaj, rumanaj kaj polaj minoritatoj, kun la ĉefa celo malfortigi Germanion.

Ĉeĥoslovakio, dum la periodo inter la du militoj aliaflanke, eble ne estis la modelo de toleremo kaj demokratio, kiun oni intencis prezenti al ni, kiel ankaŭ Pollando, aliancano de Francio kaj Britio, submetitaj al regemaj reĝimoj (marŝalo Pilsudski, kolonelo Beck...) kaj cetere ege antisemitaj (sed tion ne enhavis la germana malamika propagando).

La germanoj certigis, dum la diversaj krizoj antaŭ la Dua Mondmilito, ke ili **reagis** al la perfortaĵoj kaj minacoj de la angloj-francoj aŭ de iliaj protektatoj. Tiel, en la ĉeĥa demando, la germana propagando ne hezitis certigi, ke la germanoj estis reagintaj al la mobilizado organizita de la prezidanto Bénès meze de la Maja monato de 1938 kaj, ke en 1939, ili invadis Pollandon nur por **reagi** al la polaj provokoj.

Hitler, skribante al Foreign Office[21] tuj antaŭ la invado de Pollando, denuncis – tio estas nekredebla cinikeco kiam oni konas la personon kaj liajn multegajn projektojn kontraŭ la slavaj popoloj – el la poloj kontraŭ la germanaj minoritatoj *barbarajn agojn, perfortaĵojn kiuj alvokas venĝon al la Ĉielo kaj aliajn aspektojn de persekutoj kontraŭ la multnombra nacia germana grupo de Pollando, kiuj eĉ mortigis multajn germanajn rezidantojn, kun iliaj devigitaj transportoj en la plej kruelaj kondiĉoj. Tiu situacio ne estas akceptebla de granda potenco. Ĝi nun **devigis** [*mi mem substrekas] *Germanion, post multaj monatoj dum kiuj ĝi restis neaktiva spektanto, preni la necesajn dispoziciojn por protekti la* **pravajn** [mi mem substrekas] *germanajn interesojn.*

Do, la "germana pacienco" rilate tiujn provokojn estus atinginta sian tolerlimon.

Von Ribbentrop, germana ministro pri Eksterlandaj Aferoj, reuzis tiun temon dum interparolo kun la ambasadoro de Francio en Berlino: *En la germana flanko estis neniu agreso kontraŭ Pollando. Estas tiu ĉi kiu, dum multaj monatoj, senĉese provokis sufokante ekonomie Dancigon, malbone traktante la minoritatojn, transpasante senĉese la landlimojn.*

Kun la plej granda pacienco la Führer eltenis tiujn provokadojn, esperante ke Pollando retrovus saĝecon. Sed la malo okazis. Pollando, kiu mobilizadis ekde multaj monatoj, dekretis hieraŭ vespere la ĝeneralan mobilizon. La poloj faris tri **atakojn** [mi mem substrekas] *sur la germana teritorio. Pro tiuj kondiĉoj, oni devas forigi la version de la germana agreso.*

En sia parolado al la Reichstag (parlamento), Hitler pravigis la invadon de Pollando per la samaj argumentoj de la rajta kontraŭatako: *Dancigo ĉiam estis kaj estas germana urbo; la Koridoro ĉiam estis kaj estas germana. Unu kiel la alia obtenis sian kulturan disvolviĝon dank' al la germana popolo. Dancigo estis disigita de Germanio kaj la Koridoro estis forprenita. En aliaj regionoj, la Germanoj suferis tiom multajn perfortaĵojn, ke pli ol unu miliono el ili devis forlasi sian hejmon.* Li asertas denove, ke Pollando dekretis ĝeneralan mobilizadon: *Oni konstatis pligraviĝon de terorismo. Sekve mi decidis paroli al Pollando en ĝia propra lingvo.*

Tiamaniere la tuta respondeco pri la milito falas sur Pollandon.

La 1-an de Septembro 1939, von Ribbentrop pravigis la eniron de la germanaj trupoj en Pollando certigante ke la polaj trupoj faris fulmajn atakojn sur la germana teritorio, ke Pollando provokis Germanion kaj ke li vane atendis polan traktanton.

La Führer ne volas la militon. Nur kontraŭvole li konsentos al ĝi. Sed ne de li dependas la decido por milito aŭ por paco. Ĝi dependas de Pollando. Pri kelkaj demandoj de vivesenca intereso por la Reich, Pollando devas cedi kaj plenumigi la postulojn al kiuj ni ne povas rezigni. Se ĝi rifuzos, certe falos sur ĝin la respondeco pri konflikto kaj ne sur Germanion[22].

La 3-an de Septembro 1939, Britio kaj Francio deklaris militon al Germanio. Laŭ la germana vidpunkto tio konfirmis la tezon laŭ kiu tiuj potencoj estas la agresantoj. Germanoj nur kontraŭatakis unue pro la polaj fulmaj atakoj, poste pro la franca-brita militdeklaro.

Alia argumento defendita de Germanio en 1939 kaj en 1940 por pravigi la militon, estis aserti ke la angloj-francoj kaj iliaj aliancanoj encirkligis la Trian Imperion kaj devigis ĝin militi por malpremi tiun ŝraŭbtenilon. La milito do estis, laŭ la germana vidpunkto, antaŭgarda kaj defensiva milito. Tiu temo estis aparte pritraktita en la filmoj pri aktualaĵoj de Majo 1940 forĵetante, per la uzo de movmapoj, la respondecon de tiu "encirkligo" sur la potencoj kiuj, ekde la traktato de Versajlo, rifuzis pacan revizion de tiuj maljustegaj interkonsentoj.

Usono, kiam ĝi eniris en la Duan Mondmiliton, argumentis ankaŭ pri "encirkligo" de la lando per la Akso-potencoj kiu imponus al ĝi konstantan danĝerostaton.

Sed kiam la diplomatiaj rilatoj inter Germanio kaj Usono estis rompitaj, Hitler respondecigis pri tio prezidanton Roosevelt, malantaŭ kiu li ĉiam vidis la konsilojn de la internacia financo kaj de la judoj.

Laŭ tiu ĉi, la usona prezidanto enigis sian landon en la militon por deturni sian publikan opinion de la interna politiko kaj la malsukceso de la New Deal. Krome *ekde la komenco de la milito, prezidanto Roosevelt kulpiĝis pri serio de la plej gravaj krimoj kontraŭ la internacia leĝo... La sinceraj klopodoj de Germanio kaj de Italio por malebligi etendiĝon de la milito kaj daŭrigi la rilatojn kun Usono, malgraŭ la netolereblaj provokoj faritaj ekde pluraj jaroj de prezidanto Roosevelt, estis trompitaj. Pro tio kaj lojale al la triparta pakto, Germanio kaj Italio estis fine **devigitaj** [mi mem substrekas] subteni la batalon kontraŭ Usono*[23].

La dokumento, transdonita de la germana komisiito al la usona ŝtatodepartemento kaj agnoskanta la faktan militon inter la du landoj, imputis al Usono la respondecon pri tiu situacio. Ili malobservis multfoje la neŭtralecon ekde la 3-a de Septembro 1939, kiam Britio kaj Francio militdeklaris al Germanio kaj eĉ ordonis pafi al la germanaj submarŝipoj kaj kapti la germanajn komercajn ŝipojn.

*Kvankam Germanio siaflanke aliĝis strikte al la reguloj de la internacia juro en siaj rilatoj kun Usono ĉiumomente de la nuna milito, la registaro de Usono, komencante per unuaj malobservoj de neŭtraleco, iris ĝis militaj agadoj kontraŭ Germanio. La usona registaro, tiel agante, kreis virtuale militan situacion [...] En tiaj cirkonstancoj **okazigitaj** [mi mem* substrekas] *de prezidanto Roosevelt, ekde hodiaŭ, Germanio konsideras sin, ĝi ankaŭ, en milita stato kun Usono.*

Sekve la plej obstinaj malpacistoj provas esti rigardataj kiel ŝafoj kaj transdoni la tutan respondecon de la konflikto al siaj malamikoj. Plej ofte ili sukcesas persvadi sian publikan opinion (kaj eble sin mem persvadi) ke ili estas en stato de prava defendo.

Por reveni al Usono kaj Roosevelt, unu el la eventoj, kiuj markis la historion de ĉi tiu lando, estis la "surpriza atako" de la japana armeo kontraŭ Pearl Harbor en 1941. Kiel ne invoki necesan sin-defendon post tia atako? Tamen la interpreto de ĉi tiu evento estas nun diskutebla. Roosevelt atendis pretekston antaŭ Kongreso kaj publika opinio kontraŭstarantaj la eniron de Usono en la militon, tiam esence eŭropa. Necesis instigi la japanojn pafi unue por eniri en la Duan Mondmiliton kaj prezenti sin kiel viktimojn laŭleĝe soif-antaj je venĝo.

Multajn jarojn poste, ni povis legi en la belga gazetaro: "Finfine, la atako kontraŭ Pearl Harbor, kvankam ŝoka, estis favora al la Blanka Domo[24]."

Mi atentigas, ke mia intenco ne estas evidente starigi sur la sama nivelo agresantojn kaj agresitojn sed montri ke la sama lingvaĵo estas uzata en la diversaj flankoj. Kiam komenciĝas konflikto, sen la aro de la fontoj kaj arkivoj malakordaj, krome estas maleble plej ofte diri kiu estas reale la agresanto.

Tiu dua principo de la milita propagando ("Nur la alia flanko respondecas pri la milito") estis ankoraŭ multfoje uzita post la Dua Mondmilito. Kelkaj ekzemploj sufiĉos por tion montri.

La malamika "polpo" kiu "encirkligas nian malfeliĉan landon" estas temo ofte uzita de la usona propagando dum la malvarma milito. Mapoj uzante apartan perspektivon "pruvis" al la usonaj civitanoj, ke Usono estis encirkligita de komunistaj landoj kaj tiuj mapoj konsekvence legitimis la starigon de militostato, evidente "defenda". Sed, inverse, Sovetio povis senti sin kaj prezenti sin kiel encirkligita de Usono kaj ĝiaj militaj aliancanoj[25].

Franca deputito komisiita de la komisiono pri la Defendo de la Nacia Asembleo proponis en 2000, ke Francio instigu la esploron pri la bakteria kaj kemia milito por **defendi** sin kaj **reagi** kontraŭ la bioterorismo kiun povus **okazigi** [mi mem substrekas] Saddam Hussein, Nord-Koreio, Libio aŭ Irano, kun la kompliceco de Rusio... Li evidente tute ne aludis pri similaj esploroj faritaj de okcidentanoj, kiuj estus devontigintaj sin ĉesi ĉian agadon en tiu fako, inkludante esploron[26].

La usona kampanjo por la konstruado de "antimisilaj misiloj" prezentis sin sammaniere kiel necesa "defendo" kontraŭ hipoteza agreso al Usono per malamikaj ultraefikaj misiloj, pri kiuj oni povas demandi sin en la nuna geostrategio, el kiu loko ili povus deveni.

Dum la milito regita de NATO kontraŭ Jugoslavio en 1999, la eŭropaj registaroj, iom ĝenitaj antaŭ sia publika opinio estis kondukitaj en konflikton pri kiu la eŭropaj parlamentoj ne estis konsultitaj, malgraŭ la konstitucia devigo en pluraj landoj, uzis abunde en sia propagando la argumenton de la devigo en kiu estis la eŭropaj landoj partopreni al la milito.

Tiel Christian Lambert, tiuepoke ĉefo de la kabineto de la belga ministro pri Defendo, respondis al studentoj kiuj lin demandas kial Belgio partoprenis al la bombadoj kontraŭ Jugoslavio, ke tio estas *devigo por nia lando, ligita per sia aliĝo al NATO*[27].

Tiu respondo estas tute kutima en tiu periodo sed ne kongruas kun la realeco.

Estis devigo, por la eŭropaj landoj, partopreni al la milito, se ŝtato de NATO *estis agresita*, sed evidente ne estis la situacio en la milito de Jugoslavio. Ne okazis serba agreso kontraŭ ŝtato el la NATO-membroj kaj se estus agreso, ĝi estis farita reale per milita agado kondukita sen iu ajn mandato de Unuiĝintaj Nacioj kaj sen la aprobo de la parlamentoj de la eŭropaj landoj gvidantaj la operacon[28], kontraŭ suverena ŝtato.

Dum tiu sama milito la principo "Ili komencis" estis fakte tre abunde uzita de la okcidenta propagando kaj interalie laŭ formo kiun Arthur Ponsonby jam notis: la malamiko spitas kaj subtaksas nian potencon, ni ne plu povos daŭre resti pasivaj, ni devos montri al li nian potencon.

La argumento estis jam abunde uzita kontraŭ Saddam Hussein: en 1990, *li provokis la internacian komunumon* [tiu lasta esprimo devas kompreneble esti analizita] *invadante* [aŭ "reprenante", laŭ alia vidpunkto!] *Kuvajton.*

Le Soir (belga ĵurnalo) de la 2-a de Aŭgusto 2000, memorfestante la dekan datrevenon de la evento, kiu kondukis je la komenco de 1991, al la Golfomilito, ankoraŭ havis kiel titolon sur la unua paĝo: *La 2-an de Aŭgusto 1990, Saddam* **provokis** *la mondon en Kuvajto.*

La okcidenta propagando, en 1999, same asertis ke la jugoslavoj *provokas* NATO kaj instigas ĝin reagi perforte. Tiel *Le Soir* skribis la 18-an de Januaro 1999: *NATO estas provokita kun konsterna cinikeco* [...] *Ĉu la unua armita potenco de la globo povos pli longe pravigi sian agadomankon?* Kaj *Le Monde* de la 6-a kaj 7-a de Aŭgusto 2000 havis kiel titolon: *La novaj* **provokoj** [mi mem substrekas] *de Milošević.*

NATO asertis en tiu periodo **reagi** al kampanjo de "etna purigado" de la serboj kontraŭ la albanoj de Kosovo.

Kun pli fora tempo, la internaciaj ekspertizoj de la Organizaĵo pri Sekureco kaj Kunlaboro en Eŭropo (OSKE) tamen konfirmas la internajn dokumentojn de la germana registaro: kiam, la 24-an de Marto, NATO komencis bombi Jugoslavion, Belgrado **reagis** per sistema kampanjo de perfortaĵoj kontraŭ la albana majoritato de Kosovo. Antaŭ la 24-a de Marto, la policaj perfortaĵoj kontraŭ albanoj estis neoftaj, tute ne estis "etnaj purigadoj[29]". Sed estis necese, por konvinki la okcidentan publikan opinion pri la plenrajteco de la bombadoj kontraŭ Jugoslavio, kredigi al reaga situacio.

Estis la malamiko kiu devis tute prirespondi pri la milito kaj pli persone ĝia ĉefo. Pri la milito kulpas Saddam Hussein, *diktatoro-predanto... kiu li mem* **okazigis** *la malsukceson de la traktatoj organizitaj en Ĝeddao, [...] malobservinte kaj defiinte la internacian juron*[30].

Pri la milito kulpas Milošević, kiu cetere per sia necedemo estus malakceptinta la okcidentajn proponojn por *paco* en Rambouillet[31].

Le Vif-L'Express de la 7-a de Majo 1999 havis tiun titolon: *La diktatoro de Belgrado havas pezan* **respondecon** *pri la malfeliĉoj de la serba kaj albana popoloj.* La insisto pri la persono de la ĉefo de la malamika flanko ne estas hazardo.

La militoj de la 21-a jarcento jam multe aplikis la du unuajn principojn de la milita propagando. Tiel, dum la dua milito kontraŭ Irako, Colin Powell ne preterlasis la okazon aserti: *Ni usonanoj ne deziras komenci militon. Ni militas kun malbonvolo*[32]. Tony Blair simile parolis: *Ni ne deziris tiun militon sed, malakceptinte rezigni al siaj armiloj por masiva detruo, Saddam ne lasis al ni alian elekton ol agadi*[33].

Por ke ni "reagu" al atako, estas necese ke la malamiko nin "provoku". Ordinara preteksto aŭ okazo sen rilato kun la konflikto povas esti prezentita kiel militdeklaro. Unu semajnon antaŭ la bombado de Afganio *Le Soir* titole skribis: *La talibanoj kaj Bin Laden* **provokas** *Usonon*[34], tio anoncis la "reagon" prezentitan ankaŭ kiel respondon al la atako kontraŭ la WTC, sen la ebleco klare kompreni kiamaniere la "libero" de Kabulo (aŭ poste de Bagdado) malpermesus aliajn atencojn kiel tiuj de Novjorko, Balio aŭ Mombaso. Por pravigi militan "reagon", oni transformas teroristan agadon en militan agadon. Tiel, la atako de la W.T.C. estus militdeklaro kaj por pravigi la duan militon kontraŭ Irako, oni pretekstis – malverajn – irakajn mendojn de riĉigita uranio al Niĝero, pravigantajn, ke la nuklea iraka minaco estas reala[35]. La agresanto tiamaniere prezentas sian atakon kiel rajton al prava defendo.

Eĉ la unuflanka atako de Basra, en suda Irako, en Marto 2003, estiĝas tiel laŭ la televido Sky News: *Nia artilerio* **reagis** [mi mem substrekas]. La brita televido, citante militajn fontojn, devancis tiun anoncon per informoj, malkonfirmitaj poste, laŭ kiuj *popola ribelo estis eksplodinta kaj estis subpremita de la iraka artilerio*[36]. La koalicio sekve simple apogis ribelon tute pravigitan. Krome, per sia atako, la agresanto do nur anticipas la baldaŭan atencon kontraŭ ĝia teritorio.

Tio sammaniere okazis dum la milito inter Ukrainio kaj Rusio. Por la okcidentanoj ĉiuj respondecoj de la konflikto estas en la rusa flanko. Ĝi estigis la militon en 2022. Sed la rusoj certigis, ke ili reagis al la senĉesaj bombadoj de la ukrainoj, kiuj premis la rusparolant-ajn teritoriojn ekde 2014. Machiavelli (Makiavelo) (1469-1527) jam disertis per tiuj vortoj pri la respondeco de la militoj kaj de tiuj kiuj estigas ilin: "Ne tiu, kiu unue ekbatalis, kulpas pri la milito, sed tiu, kiu donis motivojn ekbatali[37]".

Ĉiel la milito eksplodis kaŭze de Milošević, de Bin Laden, Putin aŭ de Saddam Hussein, estiĝanta "Saddam", pro patronoma malatento kaj bezono de mallonga slogano.

La insisto pri la persono de la ĉefo de la malamika flanko ne estas hazardo.

La tria principo de Ponsonby insistas pri la neceso personigi la malamikon per la figuro de ĝia ĉefo.

3. La malamiko havas la vizaĝon de la diablo
(aŭ "La terura deĵoranto")

Oni ne povas malami tutan homan grupon eĉ prezentitan kiel malamikon.

Sekve estas pli efike koncentri tiun malamon sur la gvidisto de la adversa flanko. Tiamaniere la malamiko havos vizaĝon kaj evidente tiu vizaĝo estos abomena.

Tiel oni militos ne nur kontraŭ la "*boches*" (insulta vorto en la franca por "germanoj"), "Japs" (insulta vorto por japanoj) sed pli precize kontraŭ Napoleono, la Kaiser, Mussolini, Hitler, Naser, Kadafi, Ĥomejni, Saddam Hussein, Milošević, Putin aŭ Baŝar al-Asad.

Tiu abomena mallogulo kaŝos la diversecon de la loĝantaro kiun li estras, kie simpla civitano povus trovi similulojn al si. Por malfortigi la adversan kaŭzon, necesas almenaŭ prezenti ĝiajn ĉefojn kiel nekompetentajn kaj dubigi pri ilia fido, pri ilia honesto.

Simpla metodo konsistas enkadrigi per citiloj la vortojn "prezidanto" aŭ "generalo" koncerne malamikojn kaj tio tuj pridubigos al ilia rajteco: la "prezidanto" Karadžić, la "generalo" Mladić...

Sed, laŭeble, necesas doni la figuron de la diablo al tiu malamika gvidanto, prezenti lin kiel hidaĵon venkindan, la lastan el la dinosaŭroj, frenezulon, barbaron, inferan krimulon, buĉiston, agitanton kontraŭ la paco, malamikon de la homaro, monstron...

El tiu monstro devos alveni ĉia malbono. La celo de la milito estas ekde tiu momento kapti lin kaj lia malvenko signifos la tujan revenon al la moralo kaj al la civilizacio.

Kelkokaze tiu portreto de nia malamiko povas ŝajni al ni prava sed oni ne devas forgesi, ke tiu monstro plejofte estas tre estiminda antaŭ la konflikto kaj eĉ, kelkfoje, post la venko aŭ la malvenko.

Tiel, tuj antaŭ la Unua Mondmilito, la aŭstra imperia familio estis en la plej bonaj rilatoj kun la belga reĝa familio[38] kaj la germana Kaizer estis tre estimata en Britio.

Kelkajn monatojn antaŭ la deklaro de la konflikto, li estis prezentita de *Evening News* (la 17-an de Oktobro 1913) kiel perfekta ĝentlemano: *Ni ĉiuj vidas la Kaizer kiel ĝentlemanon kun tre nobla karaktero, kies parolo valoras pli ol la formala promeso de multaj aliaj, kiel gaston, kiun ni ĉiam bonvenigas kaj kies foriron ni bedaŭras, kiel suverenon kies ambicioj por sia popolo estas konstruitaj laŭ la sama juro kiel niaj.*

Sed kiam la konflikto eksplodis, la plej frenezaj kritikoj koncentriĝis pri la Kronprinco (pri kiu oni skribis ke li estas poŝoŝtelisto kaj ke li vangofrapis sian patron) kaj precipe pri la maljuna Kaizer. Tiu ĉi rapide estiĝis frenezulo, murdisto kaj buĉisto, kiel indikis la letero de Sir W.B. Richmond, aperinta en la *Daily Mail* de la 22-a de Septembro 1914: *Vilhelmo* **la alienulo** [mi mem substrekas] *tremigos nek Anglion nek civilizitan Eŭropon, nek Azion, kvankam la katedralo de Remso estis detruita pro lia ordono.*

Tiu lasta agado de la **barbara** [mi mem substrekas] *ĉefo nur plifirmigos niajn vicojn, por ke ni liberiĝu de* **plago** [mi mem substrekas] *tia, kian la civiliza mondo neniam vidis.*

La **frenezulo** [mi mem substrekas] *estas stakiganta la lignon por sia propra ŝtiparo. La* **monstro** [mi mem substrekas] *ne kapablas sugesti al ni teroron; ni premas la dentojn sciante ke, eĉ se ni devus morti ĝis la lasta, la moderna Judaso kaj lia infera fiularo estus balaitaj.*

Por atingi tiun celon de justeco, ni devas aldoni al pacienco, persistemon en la laboro kaj en energio.

Nia granda Anglio volonte verŝos sian sangon por liberigi la civilizacion de krima monarko kaj de krima kortego, kiuj sukcesis fari el obeema popolo hordon de sovaĝuloj.

Sir James Crichton diris al Dumfries: "Por la Kaiser, la pendigon"; pafmortigi lin estus doni al li honorindan morton de soldato. La nura absolvo, por tiu krimulo, estas pendumilo.

Laŭ la sama vidpunkto oni povis legi en *The Times* la 15-an de Majo 1915: *Lord Robert Cecil diris, ke la respondeculoj de la teruraj krimegoj, de la sinsekvaj malobservoj de ĉiuj leĝoj kaj ĉiuj kutimoj de civiliza milito faritaj de la germanoj, estis la estroj de Germanio, la imperiestro kaj liaj proksimaj konsilantoj, kaj estas sur ilin ke devas fali, laŭeble, la punon kaj nian koleron*[39].

Kaj ĉefartikolo de *Daily Express*, petanta ke la Kaiser estu forstrekita de la ordeno de la Krurzono, certigis: *Urboj estis bruligitaj, maljunuloj kaj infanoj mortigitaj, virinoj kaj junulinoj seksperfortitaj, nedanĝeraj fiŝistoj estis dronigitaj laŭ la ordono de tiu kronita* **krimulo** [mi mem substrekas]. *Li devos respondeci, je tiu granda tago dum kiu la tuta homaro estos juĝita, pri la viktimoj de Falaba kaj de Lusitania*[40].

Je la fino de la milito, prezidanto Wilson postulinta ke la germana popolo ŝanĝu sian registaron se ĝi deziras vidi la militofinon, la Kaiser rifuĝis en Nederlandon. La Aliancanoj oficiale petis lian ekstradicion sed la nederlandanoj rifuzis. La Aliancanoj ŝajnigis rezignacii antaŭ la nederlanda malkonsento kaj malfacile sukcesis kaŝi sian kontentiĝon pro tiu malkonsento.

La artikolo 227 de la traktato de Versajlo efektive precizigis, ke okazos proceso kontraŭ la eksimperiestro Vilhelmo *pro gravega ofendo kontraŭ la internacia moralo kaj la sankteco de la traktatoj*[41] sed la Aliancanoj estis sufiĉe prudentaj neniam malfermi ĝin ĉar ĝi facile kondukus al demonstrado de la senrealeco de la "pruvoj" pri lia kulpo.

Tiel unu el la "pruvoj" de la persona respondeco de la Kaiser en la krimoj faritaj de la germana armeo estis letero de Vilhelmo la Dua adresita al la imperiestro de Aŭstrio dum la unuaj tagoj de la milito, en kiu li skribis: *Mia animo deŝiriĝas sed estas necese ĉion submeti al glavo kaj fajro, tranĉi la gorĝon de viroj kaj infanoj, virinoj kaj maljunuloj, lasi neniun arbon, neniun domon starantaj! Per tiuj teruraj metodoj la solaj kapablaj frapi popolon tiom degenerintan kiel la franca popolo, la milito finiĝos antaŭ du monatoj, dum se mi havas humanajn konsiderojn, ĝi povas daŭri dum multaj jaroj.* La "dokumento", kiu evidente estus rajtiginta konkludi al persona respondeco de la Kaiser, estis prezentita de la profesoroj Larnaude (ĝenerala publika juro) kaj Lapradelle (privata juro), el la universitato pri Juro de Parizo. La profesoroj nur atentigis kiel referencon, ke tiu letero estis publikigita en la numero 138 de la *Bulletin de l'œuvre des écoles d'Orient*, estrita de Monsinjoro Charmetant. Neniu tamen povis obteni precizojn pri la fonto de tiu publikaĵo.

El kie Monsinjoro Charmetant estis obteninta tiun leteron? Kie kaj kiam ĝi estis skribita? Kie estis la originalo? Kiajn pruvojn oni havis pri ĝia aŭtentikeco?

La letero, kies ekzisto estis tute malkonfirmita de *Berliner Tageblatt* de la 22-a de Novembro 1921 kaj kiu estas tre verŝajne apokrifa, estis tamen publikigita senfine en la franca gazetaro kiel "pruvo" de la persona respondeco de la Kaiser.

Tiuj teruraj akuzoj pri la persona malbona rolo de la Kaiser estis rapide forgesitaj post la konflikto kaj mi povas memorigi ke tiu "krimulo", moknomita Atilo dum la milito, obtenis la permeson de la Aliancanoj kviete vivi en Nederlando ĝis siaj lastaj tagoj. La monstro estis reiĝinta similulo al la aliaj ŝtatestroj, iel simile al aliaj provizoraj monstroj kiel Saddam Hussein, Kadafi aŭ Jaser Arafat, longtempe konsiderata de la okcidentaj amaskomunikiloj kiel diablo (murdisto, teroristo...) antaŭ ol iĝi dum iu periodo honorinda kunparolanto, tostanta kun ĉiuj ŝtatestroj, amike akceptita de la usona prezidanto kaj de la papo.

La ĉefo de la adversa flanko, kiaj ajn estis ĝiaj realaj pervesecoj, devas esti prezentita laŭ malhumana, monstra aspekto, kiel mensmalsanulon.

Sendube Hitler prezentis efektive psikajn trajtojn pli ol maltrankvil-igantajn, sed kiam la Aliancanoj publikigis trukitan filmeton pri la subskribo de la franca kapitulaco en Compiègne en Junio 1940, ili montris bildon de malkvieta frenezulo. Kelkaj el la bildoj, en kiuj Hitler, ridetanta kaj kontenta, kunklakigis la kalkanojn levante genuon, estis multobligitaj por estigi la iluzion ke li dancis samloke! Tiu "ĵigo" (danco) de Hitler konfirmis, en la aliancaj ne okupataj landoj, kie la filmo estis prezentita, ke la germana estro estas efek-tive marioneto tute freneza.

Ekde la Dua Mondmilito, Hitler fariĝis paradigmo de la malbono, tiel ke ĉiu malamika ĉefo estis komparata kun li kaj fariĝis lia rekta heredanto aŭ lia sozio.

Almenaŭ dum la konflikto... ĉar la propagando estigis aliajn Hitler intermite, ofte honorindaj antaŭ la krizo kaj kelkfoje rehonorigitaj kiam la krizo finiĝis.

Certe tio ankaŭ okazis al Stalino, Mao, Kim Il Sung aŭ Ceausescu – eĉ se ili estis fotitaj multfoje en tiom honorinda kompanio kiel tiu de reĝo Baldueno de Belgio, de Charles de Gaulle, de la usona prezidanto Nixon... – sed ankoraŭ multe pli freŝdate, ĉiuj "teruraj deĵorantoj" estis devigitaj elteni tiun komparon.

Dum la milito kontraŭ Irako, Saddam Hussein, prezentita antaŭe kiel nia plej bona "laika" aliancano kontraŭ Irano de ajatoloj, estis komparita al la nazia diktatoro eĉ laŭ lia fizika aspekto.

Dank' al malgranda fota korekto por mallongigi liajn lipharojn, la ĉiusemajna usona gazeto *Newsweek* sukcesis prezenti lin sur la frontpaĝo kiel similulon de Hitler.

La koverto de *Le Vif-L'Express* de la 14-a de Februaro 1991, siaflanke, afiŝis la mornan irakanon sur nigra fono simile maltrankviliga kaj prezentis lian programon per tiuj vortoj: *Kion plu preparas Saddam: nukleajn armilojn produkti, malstabiligi, surprizi, teruri, oferi, daŭri...?*

Oni ne traktis malsimile Milošević, kiun la ĉiusemajna itala gazeto *L'Espresso* de la 9-a de Aprilo 1999 prezentis sur sia koverto sub la titolo *Hitlerosevic* kun duono de la vizaĝo kongruanta al la vizaĝo de Hitler kaj la alia al tiu de Milošević.

Uzante la saman enscenigon *Le Vif-L'Express* de la 2-a ĝis la 8-a de Aprilo 1999, prezentis, je la komenco de la bombadoj kontraŭ Jugoslavio, tre malhelan koverton afiŝantan maldekstre la duonon de la vizaĝo de Milošević kaj dekstre la titolon: *La Terura Milošević*.

Ene de la ĉiusemajna gazeto, tra teksto plicertigita de malhelaj kaj timigaj fotoj de la jugoslava estro, oni ekscias ke *la noca kapablo de Milošević tute ne estas elĉerpita.*

Tiu kiu, antaŭ tri jaroj levis sian glason kun Chirac kaj Clinton, dum la interkonsentoj pri paco rilate Bosnion subskribitaj en Parizo[42], iĝis neŭrozulo, kies gepatroj kaj eĉ la patrinflanka onklo sin mortigis, evidentaj simptomoj de hereda mensa malekvilibro...

Le Vif-L'Express citis neniun paroladon, neniun skribaĵon de "la majstro de Belgrado[43]" sed kontraŭe atentigis pri liaj subitaj nenormalaj humorŝanĝoj, liaj ko[leŭ]reksplodoj malsanaj kaj abruptaj: *Kiam li koleris, lia vizaĝo tordiĝis. Kaj, tuj, li reakiris sian memregadon.*

Lia frato estis ŝakristo de cigaredoj, sciigis al ni *Le Monde* de la 8-a de Aprilo 1999, lia edzino estis karierista, ambicia kaj neŭroza, kies psikaj problemoj fontas el ŝia malfrua patra agnosko[44]. Kaj *Le Vif* konkludis: *Slobo kaj Mira ne estas paro, ili estas asocio de banditoj.*

En *Le Monde*, Pierre Hassner[45] pravigis la surjugoslaviajn bombadojn ĉar *ili identigas la unuan kulpulon de la malfeliĉoj de Eksjugoslavio – la lastan tiranon de Balkanio – kaj montras lin per la voĉo kaj la gesto kiel la malamikon.*

La tekniko por transformi la malamikan gvidanton en diablon estas efika kaj estos sendube ankoraŭ longe uzata. Por leganto kaj civitano, "bonuloj" kaj "malbonuloj" estas necesaj, klare identigitaj kaj la plej simpla maniero estas nune nomi la teruran deĵoranton *nova Hitler.* Kiu ajn dezirus ne eĉ defendi lin sed nur dubi, ke li estas la preciza enkorpiĝo de la malo, tuj estus malindigita pro tiu komparo.

Sen iam klarigi kiu estus atribuinta tion al li, *Libération* uzis (la 17-an de Julio 2000) la moknomon "Hitler" por nomi la instiganton de la nigruloj, kiuj okazigas okupadojn de teroj en Zimbabvo kaj titole skribas: *En Zimbabvo la necedismo de Hitler*. La sama franca ĵurnalo skribis, ke *Chenjerai Hitler Huntzvi estis deklarita kulpa per la Alta Kortumo pro incitado al kontraŭleĝaj okupadoj* kaj ĝi aldonas (la 26-an de Aprilo 2000): *la "militnomo" de tiu gvidanto, kiel raportas la BBC, estas signifoplena pri lia humanismo.*

Same, artikolo de *Le Vif-L'Express*, favora al la blankulaj bienuloj de Zimbabvo[46] (kiuj estas ankaŭ, oni tro ofte forgesas tion, la grandaj posedantoj, britaj kolonianoj, kiuj rifuzis akiri la civitanecon de la lando) kaj malfavora al la subtenantoj de prezidanto Mugabe (kiuj estas ankaŭ, oni forgesas tion tro ofte, la tre malriĉaj kamparanoj de Zimbabvo), prezentis laŭ la plej malfavora vidpunkto la atakon direktitan kontraŭ la blankulaj bienuloj. Por tute senvalorigi la ribelon, la teksto malgloris la lokajn kacikojn sed ĉefe la gvidanton la plej konatan de la malnovaj batalantoj, Chenjerai Hunzvi. *Li laŭdire ricevis siajn ordonojn el la prezidantejo, kie oni timas liajn kapablecojn por noci.*

Unuvorte, li demoniĝas en la titolo, kiel en la legendo de lia foto, li estas nomata kiel Chenjerai "Hitler" Hunzvi.

Ĉia simpatio de la legantoj por la kaŭzo defendita de la nigruloj en Zimbabvo estas, ekde tiu momento, malebla.

La dua milito de Irako tute direktis sian propagandon pri Saddam Hussein. Li estas la "terura deĵoranto" kaj tia titolo ne estas malofta laŭ unu aŭ alia varianto: "US versus Saddam[47]".

Parisoula Lampsos, kiu prezentis sin kiel la oficialan amorantinon de la iraka prezidanto, venis por atesti ĉe *ABC* pri la sadismo de sia amoranto kaj pri lia hipokriteco, ĉar li ŝategas viskion sed ador-kliniĝas en la moskeo[48]. Tamen, en la 1980-aj jaroj, la demokratioj, inkluzive Usono, helpis Saddam Hussein – kiu estis la sama diktatoro

kiel dek kvin jarojn poste – por provizi lin per "amasdetruaj arm-
iloj" kaj helpis lin dum la milito kontraŭ Irano.

Foto de la 20-a de Decembro 1989 montras al ni Saddam Hussein
manpremanta tutkore la manon de Donald Rumsfeld, speciala send-
ito de la prezidanto Ronald Reagan en Bagdado[49].

Bin Laden, li mem tipa "terura dejôranto" dum la milito kontraŭ
Afganio, oficiale komencita por kapti lin, estis antaŭe en la usonaj
favoroj kaj lia familio efektivigis kun la familio Bush kunajn petrol-
ajn investojn. Tamen dum la bombadoj de Afganio, ja lia portreto (en
vestokompleto, kravato, mallongaj haroj kaj glate razita por sugesti
ke li senkuraĝe delasis la kaŭzon) estis paraŝutigita kiel flugfolioj
konsilanta al la loĝantaro neniel helpi lin[50].

La "provizoraj aĉuloj" estas multnombraj. Belgaj politikistoj flatis
dum iliaj prestiĝaj periodoj aŭ Todor Ĵivkov (Guy Spitaels skribis
laŭdan prefacon por liaj neforgeseblaj verkoj) aŭ Nicola Ceaucescu
(tiokaze Willy De Clercq) antaŭ ol partopreni la ĝeneralan forĵetadon
post ilia defalo. Madeleine Albright salutis la eniron de la talibanoj
en Kabulon, antaŭ ol ekagi por neniigi ilin.

Sed la "teruraj dejôrantoj" povas, post la konflikto, denove iĝi
tute rilatindaj. Tiel la ministro pri informado de Saddam Hussein,
Mohammad Said al-Sahaf, ridindigita en Okcidento pro liaj inter-
venoj al gazetaroj neante kontraŭ vereco, la usonan progreson kaj
konsiderata kiel la plej grandan mensogulon kaj falsiston, estis
arestita en Junio 2003 de la usonanoj, pridemandita kaj liberigita
post kelkaj horoj, retrovis oficon kiel komentariisto kaj analizisto
en televido[51]. La filoj de Saddam Hussein, prezentitaj kiel diabloj
almenaŭ sammaniere kiel sia patro, ne havis la saman bonŝancon
kiel la ministro pri informado[52].

Kiel "monstro" Putin gajnis la premion de la okcidentaj amas-
komunikiloj. Oni forgesis la epokon dum kiu la rusa prezidanto

ridetis al la franca prezidanto Macron en la sportejo Luĵniki de Moskvo, kie la francoj gajnis la Mondan Pokalon en 2018. Oni jam forgesis la florojn donacitajn al Angela Merkel, tre kortuŝajn. Putin, alnomita "la Sovetia caro" (Bernard-Henri Lévy, en *Le Point* de la 3-a de Marto 2022), "Vladimiro la Terura" (*Le Point* de la 17-a de Marto 2022) kaj eĉ "Hunda koro" (sama numero de *Le Point*), estas komparita kun Stalin. Li estas megalomaniulo, paranojulo. Li estas ne nur freneza kaj sangama, sed certe tre malsana. *La Voix du Nord* ("gazeto de norda Francio") informas nin ke "*la rusa prezidanto ricevas kuracadon kontraŭ kancero de la tiroido. Lia ŝvela aspekto estas la rezulto de la sorbado de steroidaj hormonoj. Vladimiro Putin laŭdire provis alternativajn medicinajn metodojn. Tiel li sin banis en la sango de cervokornaro. La prezidanto frekventas regule klinikon en Siberio por tiuj banoj, kiuj laŭdire konsilis lia ministro pri Defendo Sergej Ŝojgu*[53]".

Se ĉiuj malamikaj estroj estas frenezaj, oni tamen forgesas submeti niajn proprajn estrojn al tiuj samaj psikologiaj analizoj, kiam ili ankoraŭ oficas. Freud analizis detale la frenezecon de la usona prezidanto Thomas Woodrow Wilson (prezidanto de Usono de 1913 ĝis 1921), sed tiu terura portreto estis publikigita nur... en 1966[54].

4. Noblan kaŭzon ni defendas kaj ne proprajn interesojn

Milito havas ĝenerale kiel instigilon la deziron de geopolitika regado, apogita de ekonomiaj motivoj.

Sed la instigiloj estas nekonfeseblaj al la publika opinio.

Tamen la modernaj militoj, kontraŭe ekzemple al la militoj de Ludoviko la 14-a, eblas nur kun la konsento de la loĝantaro pro la sola fakto ke la parlamentoj devas laŭprincipe doni sian aprobon por militdeklari[55]. Tiu aprobo estas fine akirita se la loĝantaro pensas, ke de tiu milito dependas ĝia sendependeco, ĝia honoro, ĝia libereco aŭ ĝia vivo, kaj ke tiu milito entenas nediskuteblajn moralajn valorojn.

La propagando devas do strebi kaŝi iujn instigilojn kaj kredigi aliajn.

Tiel por la Unua Mondmilito oni povas resumi la instigilojn de la ĉeestantaj potencoj per tiuj vortoj:
- per venko kontraŭ Germanio, Francio esperis esti restaŭrita en siaj landlimoj de la Dua Franca Imperio;
- Rusio esperis hegemonion en Balkanoj kaj eble Konstantinopolon;
- Anglio deziris daŭrigi sian hegemonion kiel unua kolonia kaj mara potenco kaj haltigi la germanan kreskon sur la kontinento;
- Germanio volis obteni krudmaterialojn el la kolonioj, povi eksporti siajn fabrikitajn produktojn, rompi la francan-anglan-rusan encirkligon kaj plifortigi sian unuecon;
- Usono esperis fari al Eŭropo vendojn kaj profitodonajn pruntojn kaj eniri politike en la sferon de la grandaj nacioj[56] (kaj krome sukcesis tion).

Tamen la oficialaj tekstoj neniam aludas pri tiuj motivoj. Neniam temas lukti por ke tiu aŭ iu minejo, tiu aŭ iu provinco (krom "simboloj" kiel Alzaco kaj Loreno) aŭ kolonio iĝu nia posedaĵo, nek por la plezuro konsideri nin kiel la plej fortaj.

Eble ĉar multaj civitanoj konsideras, ke ne indas mortigi aŭ riski esti mortigitaj pro tiaj kialoj, pli bone estas proklami ambaŭflanke kelkajn grandiozajn idealojn kapablajn doni al la milito la karakteron de krucmilito.

Estas necese persvadi la publikan opinion ke ni – kontraŭe al niaj malamikoj – militas pro motivoj multe pli honorindaj.

Arthur Ponsonby jam notis pri la milito de 14-18, ke neniam oni parolis, en la oficialaj tekstoj de la militantoj, pri la geopolitikaj aŭ ekonomiaj konfliktoceloj.

Tamen, la 5-an de Septembro 1919, la usona prezidanto Woodrow Wilson konfesis, en parolado, la gravecon de tiuj agadokaŭzoj, ekzemple ekonomiaj, en la milito, kiu ĵus finiĝis, asertante: *Ĉu estas viro aŭ virino – kion mi diras? – Ĉu estas infano, kiu ne scias ke la semo de milito en la moderna mondo estas industria kaj komerca rivaleco? [...] Tiu milito estis industria kaj komerca milito.*

Usono, dank' al sia partopreno en la konflikto, ne nur akiris industrian rolon laŭ neinversigebla maniero sed krome elmontriĝis al la internaciaj okuloj, kiel unuaranga politika potenclando.

Oficiale, ĉe la flanko de la Aliancanoj, la celoj de la milito estis resumitaj per tri punktoj:
- venkobati militismon;
- defendi la malgrandajn naciojn;
- prepari la mondon por demokratio.

Tiuj celoj, tre honorindaj, estis, ekde tiu tempo, kopiitaj preskaŭ laŭvorte, antaŭ ĉiu konflikto, eĉ se ili tre malmulte aŭ eĉ tute ne kongruis kun la realaj celoj.

Dum la Unua Mondmilito, tiuj tri celoj estis jam malmulte kredindaj por informita observanto.

Fakte pri "militismo" ĉiuj batalantoj efike konkuris antaŭ la milito, kaj se tiu ĉi celis ĉesigi la prusan militismon, estas strange ke post la milito, la militaj elspezoj de la Aliancanoj ne malgrandiĝis, tute male. *La milito celanta restarigi pacon* estas tamen sofismo, kies kariero bone daŭris.

Pri milito *por defendi malgrandajn premitajn naciojn*, estas interese scii ke sekretaj francaj-rusaj traktatoj (poste malkaŝitaj de la Sovetia registaro) antaŭvidis, ke la du potencoj dividos la rabaĵojn de siaj kontraŭbatalantoj sen ajna respekto por la "rajto de la popoloj". La franca registaro, ekzemple, konsentis, en kazo de franca-rusa venko kontraŭ Germanio, lasi Rusion kontroli Pollandon, kondiĉe ke Rusio permesu al Francio forpreni de Germanio tion, kio taŭgos al ĝi.

Prepari la mondon al la demokratio ne estas pli defendebla kiel reala celo de la Aliancanoj de la Unua Mondmilito. La sola ĉeesto, en la aliancita flanko, de la aŭtokrata carista Rusio nuligis la hipotezon de la "demokratioj" kunigitaj en unu flanko kontraŭ la aŭtokratioj. Krome, ne estis evidente ke Germanio, kaj ĝia Reichstag, regule elektita, estis pli "aŭtokrata" ol Anglio.

Ni evidente povus fari la saman rimarkon pri la milito kontraŭ Irako, dum kiu ni impetis por savi Kuvajton, unu el la landoj en la mondo kie la nocio pri demokratio estas tute mistraktata kaj kie la homaj rajtoj, aparte rilate la virinojn, ĉiutage estas mistraktitaj.

Temis, dum la milito kontraŭ Irako, pri savi – nobla kaŭzo inter ĉiuj – malgrandan invaditan landon. La sama pravigo estis uzita dum la Unua Mondmilito de la brita kaj usona registaroj por vivigi la militan fervoron de la civitanoj, kies lando mem ne estis atakita. Temis pri impeti al helpo de la "kuraĝa malgranda Belgio", kies suferoj, martiroj kaj rifuĝintoj estis uzitaj ĝis ĝia tuta eluziĝo de la propagando de la Aliancanoj.

Ĉe la Germana flanko, kompreneble, la konfesitaj motivoj estis ankaŭ tiel noblaj kiel eble. Tiel, la 19-an de Aŭgusto 1915, la kanceliero asertis al la Reichstag: *Neniam Germanio intencis regi Eŭropon. Ĝia sola ambicio estis regi en la paca konkurso de la grandaj kaj malgrandaj nacioj cele al la ĝenerala bonstato kaj de la civilizacio.*

Oficiale la Aliancanoj de la Unua Mondmilito ankaŭ ne provis pligrandigi siajn respektivajn teritoriojn (krome eble Francio, kiu ne kaŝis sian deziron "rehavi" Alzacon-Lorenon).

Tamen mirinde, dum la pripacaj interkonsentoj, Britio, ekzemple, "ricevis" (laŭ formo de kolonio, mandato, dominio, protektato aŭ alia):
- Egiption,
- Kipron,
- mandaton pri Sudokcidenta Afriko (tra Sud-Afrika Unio),
- mandaton pri Germana Orient-Afriko,
- duonon de Togolando kaj Kamerunon,
- Samoon (tra Nov-Zelando),
- Germanan Nov-Gvineon kaj la insulojn sude de ekvatoro,
- mandaton pri Palestino,
- mandaton pri Irako.

Tiuj "donacoj" neniam estis oficiale postulitaj dum la konflikto, en kiu estis menciitaj nur la rajtoj de homoj kaj popoloj, demokratio kaj lukto kontraŭ imperiismo kaj militarismo.

La – klasika – procezo jam estis aludita de Émile Zola (1840-1902), kiu metis en la buŝon de unu el la rolantoj de sia romano *Sidoine et Médéric*, la jenan paroladon, kiun li ironie konsilis al "siaj kolegaj suverenoj ": *La motivoj de milito iĝas malfacile inventeblaj [...] Post longaj pripensoj, subite venis al mi sublima inspiro. Ĉiam ni batalos por la aliaj, neniam por ni mem. [...] Rimarku kian honoron ni akiros el tiaj ekspedicioj. Ni prenos la titolon de bonfarantoj por la popoloj, ni laŭtege proklamos nian neprofitemon, ni modeste aperos kiel subtenantoj de la bonaj kaŭzoj, kiel sindonemaj servantoj de la grandaj ideoj.[...] Nia fervoro pruntedoni niajn armeojn al tiu, kiu petas ilin, estas oferema deziro pacigi la mondon, ĝin pacigi fakte per lancoj. Niaj soldatoj promenos kiel civilizantoj, trančante la kolon de tiuj, kiuj ne sufiĉe rapide civiliziĝas* (paĝoj 56 ĝis 58 de la eldono de Flammarion).

Ŝajnas ke tiu konsilo de Zola estis zorge aplikata de multnombraj el niaj estroj kaj en 1938 Nazia Germanio paradokse afektis "homhelpan" rolon por aneksi la germanajn minoritatojn de Sudetoj integritajn en Ĉeĥoslovakion.

Niaflanke, ni ĝenerale eksciis, ke la germana "aroganteco" postulis, en Munkeno, la cedon de Sudetoj al Germanio. Sed la temo de germana Bohemio kaj Sudetoj tute ne estis traktita de la germanoj kaj aŭstroj laŭ imperialisma tono sed laŭ ĝusta reveno de germanparolanta grupo maljustege forŝirita de siaj familianoj.

La "reveno" de Alzaco-Loreno estis de 1870 ĝis 1914 popola temo de la franca propagando, la "reveno" de la germana Bohemio kaj Sudetoj estis ĝia germana aŭ aŭstra paralelo inter la du militoj.

En 1919, tiuj teritorioj estis forprenitaj de Aŭstrio, malgraŭ la solenaj protestoj de la konstitucianta Nacia Asembleo de la Aŭstria respubliko. La germanaj loĝantaroj aneksitaj al Ĉeĥoslovakio, ekde 1919, protestis per manifestacioj subpremitaj senkompate de la ĉeĥoslovaka registaro.

La traktato de Saint-Germain, subskribita la 10-an de Septembro 1919, en sia 5-a sekcio, antaŭvidis diversajn proponojn por protekti tiujn minoritatojn, interalie rilate la uzon de lingvoj, de eduksistemo kaj aliro al la justico[57].

Tamen Ĉeĥoslovakio rapide elektis diskriminacian traktadon de la malplimultoj kaj amplekse altrudis la ĉeĥan lingvon[58].

La gazetaro de la malplimultoj estis strikte kontrolita, ĝiaj homhelpaj asocioj limigitaj kaj la agroj de la germanoj de Ĉeĥoslovakio estis la plej trafitaj de la agraj reformoj.

Se oni aldonas al tiu listo de plendmotivoj la subreprezentadon de la sudetaj germanoj en la administracio – malgraŭ la promeso de Edvard Beneš, ke ĉiuj funkcioj estu egale alireblaj por ĉiuj – la ekzisto de tiuj duaklasaj civitanoj ofertis al la germana kaj aŭstra propagandoj idealan okazon por defendi noblan kaŭzon: la helpo al subpremita minoritato, al malgranda grupo maljuste persekutita.

La demando pri Sudetoj liveris konsekvence la pretekston al la minaco de germana milita interveno kontraŭ Ĉeĥoslovakio, antaŭludo al la krimaj projektoj de Hitler, kiel, en la Unua Mondmilito, la problemo pri la anekso de Alzaco estis oportuna celo por Francio. La demando pri la germanaj minoritatoj de Pollando estis krome denove uzata kiel preteksto dum la germana kampanjo kontraŭ Pollando.

La konsulto de la diplomataj dokumentoj de 1938-1939 (ekzemple la raporto de la ambasadoro de Francio en Berlino de la 17-a kaj 18-a de Aŭgusto 1939) atestas pri la centra rolo, kiun tiu argumento okupas en la paroladoj kaj en la germana gazetaro.

"Impeti al helpo al germanaj minoritatoj de Pollando" estas la plej ŝatata temo de la germana propagando, kiu raportis kun multnombraj detaloj ĉiajn specojn de perfortaĵoj el kiuj la germanoj de Pollando estis la viktimoj. "Ĉasoj al germanoj" estis laŭdire organizitaj en Pollando sammaniere kiel tio antaŭe estis okazinta en Ĉeĥoslovakio. Ankaŭ laŭdire okazis multnombraj arestadoj kaj dekoj da miloj da rifuĝantoj estis devigitaj peti azilon en Germanio, en rifuĝejoj, bruege organizitaj proksime de Dresdeno kaj en Silezio.

Ne maleblas ke kelkaj el tiuj "persekutadoj" estis provokitaj de naziaj agentoj mem, atencante ekzemple la posedaĵojn de kelkaj germanaj posedantoj, por poste diskonigi la polan terorismon kies viktimoj ili estis. Ĉiaokaze tio estas la teorio de la francaj diplomatoj kiuj konsideris ke la teruro kontraŭ la germanaj minoritatoj estis nur elemento de la germana propagando por pravigi, ĉe la germanoj kaj ĉe la internacia opinio, militan intervenon kontraŭ Pollando.

La ambasadoro de Francio en Berlino substrekis al sia ministro pri eksterlandaj aferoj la neceson lukti kontraŭ tiu propagando per kontraŭa informado: *Tiu kontraŭagado devus esti relative facila se, kiel certigas al mi la ambasadoro de Pollando, 95 procentoj de la cititaj faktoj de la germana gazetaro kiel elementoj de sia kampanjo estas troigitaj, falsitaj aŭ eĉ tute inventitaj.* Kaj la ambasadoro citis la ekzemplon de mortigo raportita sur la unua paĝo en la germana gazetaro de la 15-a de Aŭgusto 1939 per tiu titolo "Terura pola mortigo, germana inĝeniero murdita", kvankam temis pri pasia krimo, sen ia politika motivo kaj okazinta pli frue... la 15-an de Junio!

Sed ne gravas, por la okazintaĵoj, ke temis pri kalumnioj ĉiam strikte refutitaj de la polaj regantoj, la demando pri la germanaj minoritatoj "persekutitaj" en Pollando kaj nepre helpendaj, iĝis, ĵus antaŭ la invado de Pollando, centra temo de la nazia propagando.

La germanaj gazetaro kaj radio ĉiutage traktis tiun temon, re-uzitan de Hitler, von Ribbentrop kaj la ambasadoroj de Germanio.

En interparolado kun la ambasadoro de Francio en Berlino la 25-an de Aŭgusto 1939, Hitler certigis: *Unue mi preskribis al la Reich-gazetaro publikigi nenion rilate la perfortaĵojn suferitajn de la germanoj de Pollando. Sed nuntempe la situacio transpasas ĉian tolereblan mezuron. Ĉu vi scias ke okazis kastradoj? Ke en niaj rifuĝejoj estas pli ol 70 000 rifuĝintoj? Sep germanoj, ankoraŭ hieraŭ, estis mortigitaj de la pola polico en Bielitz [...] Ne estas lando inda je tiu nomo kiu povus toleri similajn insultojn.*

La kutima valso de nombroj disvolviĝis ankaŭ en tia situacio. La ambasadoro de Francio parolis pri 741 000 germanoj en Pollando. Skribe respondante al Chamberlain, la 24-an de Aŭgusto 1939, Hitler parolis pri la *kruelaĵoj,* kiujn la poloj trudas al *la germanaj minoritatoj* reprezentitaj de *unu miliono kaj duono* da homoj kaj, en sia respondo de la 27-a Aŭgusto al Daladier, la germana kanceliero aludas la te-ruron kaj la estigitajn hororojn kontraŭ *preskaŭ du milionoj da homoj* vivantaj ĉe siaj propraj landlimoj.

La milito, laŭ la germana vidpunkto, havis do "homhelpajn" celojn mirigajn laŭ nia vidpunkto: ripari maljustaĵon kiun la anglo-francoj deziras daŭrigi, haltigi la teroron faritan kontraŭ senkulpa minoritato kaj ekkuri por helpi malgrandan subprematan grupon, daŭrigi la liberecon de la germanoj.

Tiuj noblaj motivoj evidente kaŝis aliajn: ekzemple ekonomiaj[59] kaj geopolitikaj interesoj estis neniam oficiale aluditaj – sed tio ne malsimilas en multaj aliaj konfliktoj kun la plej noblaj kaŭzoj.

La koktelo, kiun ni ĵus priskribis pri la nazia propagando de la interdumilita periodo (ne paroli pri ekonomio, nek pri geopolitiko, elvoki homhelpajn motivojn, ekkuri por helpi malgrandan subpremitan popolon...) povus esti uzata ankaŭ al la motivoj proponitaj de Usono, por pravigi al sia publika opinio sian intervenon en la du mondmilitoj.

Oficiale, en Usono, oni parolis nur pri la malgranda martirigita Belgio kaj pri ĝiaj rifuĝintoj (por la Unua Mondmilito) kaj pri defendo de libereco, homaj rajtoj kaj demokratio[60]. Tamen la usonaj intervenoj en la eŭropaj militoj kunportis egajn ekonomiajn, geostrategiajn kaj politikajn interesojn.

Tiel, la trairo de la neŭtraleco de Usono al ĝia partopreno al la Dua Mondmilito havis evidente politikajn motivojn. La prezidanto Roosevelt serioze timis la konteston de la liberala sistemo. Sed tiu timo havis ankaŭ ekonomian flankon (la kontesto de la ekonomia sistemo sur kiu apogas sin Usono) kaj la prozeco de rezigno pri la neŭtraleco komenciĝis per la mocio Pepper, kiu, post la invado de Majo 1940, proponis *vendi al la aliancanoj la neuzitan usonan militmaterialon*[61]. La propono, dufoje rifuzita de la komisiono pri eksterlandaj aferoj de la usona Senato, estis reprenita de la prezidanto Roosevelt[62]. De tiam Usono plivigligis sian produktadon de armiloj kaj precizigis sian formulon de *pruntedono-kontrakto* al la eŭropaj landoj kiuj proponis garantiojn[63]. Oficiale Usono restis neŭtrala ĉar ĝi vendis al privataj kompanioj (la societo United States Steel interalie), kiuj utilis kiel perantoj kun Britio kaj Francio. Britio, kiu tiuokaze povis kalkuli je sia imperio por provizi krudmaterialojn al Usono, same kiel Belgio kaj Nederlando estis konsiderataj kiel proponantaj sufiĉajn "garantiojn" por profiti de la usona helpo.

Do malnoblaj ekonomiaj instigiloj en tiu okazo, sed al kiuj, evidente, oni nur tre malofte aludas en la oficialaj paroladoj.

La samaj metodoj efektiviĝis dum la lastatempaj militoj kontraŭ Irako kaj Jugoslavio.

Rilate la unuan militon kontraŭ Irako, certas ke la pli grandaj celoj estis obeigi politike la landon kaj kontroli ĝiajn naftofontojn sed oni atakis Irakon laŭ la preteksto helpi malgrandan landon – Kuvajton – kontraŭjure invaditan.

Ĉiam estas belege senti sin proksima de malgranda popolo kiu suferas kaj la enmiksiĝo tiel nomata "homhelpa" permesas al la potenculo enmiksiĝi en la politikon de malpotenculoj kun la plej bonaj moralaj alibioj.

Usono entreprenis militajn operacojn kontraŭ malgrandaj landoj de Latinameriko pretekstante ilian simpation kun ŝakristoj de narkotaĵoj. Unu el tiuj, kontraŭ Panamo en 1989 laŭ nekutima brutaleco kaj kiu okazigis almenaŭ du mil mortigitojn, nomiĝis trafe " justa kaŭzo". Kio povus esti pli bela, efektive, ol ataki la turmentan problemon de la narkotaĵo, se niaj malamikoj povas esti reprezentitaj kiel ĝia origina kaŭzo[64].

Pri la milito de NATO kontraŭ Jugoslavio, oni trovas la saman malakordon inter la oficialaj kaj la nekonfesitaj celoj de la konflikto. Oficiale, NATO intervenis por antaŭgardi la pluretnan karakteron de Kosovo, por malhelpi ke tie minoritatoj estu malbone traktataj, por trudi tie demokration kaj ĉesigi la diktaturon. Temas pri defendo de la sankta kaŭzo de homaj rajtoj.

Je la fino de tiu milito, oni ne nur povis konstati ke neniu el tiuj celoj estis atingitaj, ke interalie oni tre malproksimiĝis de pluretna socio kaj ke la perfortaĵoj kontraŭ la minoritatoj – serboj kaj romaoj tiuĉifoje[65] – okazis ĉiutage, sed oni ankaŭ ekkomprenis ke la ekonomiaj kaj geopolitikaj celoj de la milito, pri kiuj oni neniam antaŭe parolis, estis atingitaj.

Tiel, kvankam ĝi ne oficiale postulis tion, la influsfero de NATO multe plivastiĝis en la sudorienta Eŭropo. La atlantika organizo instaliĝis en Albanio, en Makedonio kaj en Kosovo, regionoj, kiuj ĝis tiu periodo, estis "malemaj" je ĝia instalado.

Krome, laŭ la ekonomia vidpunkto Jugoslavio, kiu "rezistis" al instalado de pura kaj simpla merkatekonomio[66] kaj kiu ankoraŭ funkciis kun larĝa publika merkato, ricevis en Rambouillet la "proponon", ke la ekonomio de Kosovo funkciu laŭ la principoj de la *libera merkato* kaj malfermiĝu al *la libera cirkulado de* [...] *la kapitaloj, inkluzive tiun de internacia origino.*

Naive, oni povus sin demandi kiu rilato ekzistus inter la defendo de la subpremitaj minoritatoj kaj la libera cirkulado de kapitaloj, sed la unua tipo de argumento kaŝas evidente ekonomiajn celojn malpli konfeseblajn.

Tiel dek du grandaj usonaj entreprenoj[67], inter kiuj Ford, General Motors kaj Honeywell, sponsoris la pintkunvenon de la kvindeka naskiĝtago de NATO en Vaŝintono en la printempo 1999. Laŭ tute neprofitema maniero, iuj pensas, kvankam aliaj pensas ke tio estas "io interŝanĝe de io" kaj ke la bombadoj kontraŭ Jugoslavio per la detruo de la socialista ekonomio de la lando liberigis nete la lokon por la multnaciaj entreprenoj, kiuj de longe deziregis instali tie tre grandan laborlokon kaj fari bonajn negocojn.

La proparolanto de NATO, Jamie Shea, cetere anoncis ke la kosto de la milita interveno kontraŭ Jugoslavio estos large kompensita per la profitoj en plia estonteco kiujn la merkatoj povos tie okazigi[68].

Ekde la 3-a de Septembro 1999, la germana marko estiĝis almenaŭ oficiale la uzata valuto en Kosovo kaj la aŭtofabriko Zastava en Kragujevac, kiun mi vidis en Majo 1999, detruita de la frapo de NATO la 9-an de Aprilo, estis ekde Julio avidata de Daewoo[69].

Kiel bele skribis François Cavanna, la fino de la milito alvenas, *kiam la vendistoj de municioj atingis sian kvoton kaj kiam la betonovendistoj konsideras ke estas tempo por ili aperi sursceneje* (*Charlie-Hebdo*, la 2-an de Junio 1999).

La realaj celoj de tiu milito certe estis kompleksaj. Ekonomiaj motivoj estas ĉiam nekonfesitaj sed ili ne estas la solaj. La volo evidentigi la ĉiopovon de Usono per ĝiaj aliancanoj kaj plivastigi ĝian geostrategian imperion povis ankaŭ esti decidiga. En la nuna situacio rilate niajn sciojn, estas malfacile doni racian klarigon pri la interveno de NATO kontraŭ Jusgoslavio kaj diri kia elemento estis decidiga.

En la estonteco, la usonaj arkivoj eble sciigos al ni la realajn motivojn de la NATO-milito kontraŭ Jugoslavio inter kiuj oni ne povas ekskluzivi la timon pri "putriĝinta pomo", de malgranda nedresita lando (Jugoslavio post Nikaragvo aŭ Vjetnamio) kiu estus kapabla, per sia "malbona ekzemplo", infekti aliajn kaj alkonduki ilin al ribelo.

La motivoj certe estis nek homhelpaj nek malegoismaj, sed estis nepre esence kredigi tion je la komenco de la operacoj kiam la publika opinio dubis pri la plenrajteco de tiu atako.

Oni retrovas la samajn pseŭdopravigojn en la lastatempa propagando.

La milito kontraŭ Afganio estis oficiale entreprenata de la "libera mondo" por kapti Bin Laden, kontraŭi terorismon kaj por starigi demokration kaj liberigi virinojn.

La filozofo Guy Haarscher pravigis la militon kontraŭ Afganio kaj eĉ parolis pri la devo ĝin fari por *protekti la senkulpulojn kiujn la terorista reto Al-Kaida povas endanĝerigi*[70].

Sekve la motivoj de la milito estis homhelpaj kaj nenio pli nobla ekzistas, eĉ se kvin jarojn poste neniu de la proklamitaj celoj estis atingita.

La atako kontraŭ Irako en 2003 laŭdire celis liberigi la irakanojn de ilia tirano. Tony Blair anoncis tion al irakanoj: *Niaj militaj fortoj estas amikaj fortoj kaj liberigaj por la iraka popolo*[71]. Sed, malgraŭ la enscenigoj de tiu "liberigo", la irakanoj, kiujn la koalicio venis por helpi, ne estis tre konvinkitaj per la prezentado de la motivoj de la konflikto, kiel atestis iliaj malamikecaj agadoj kontraŭ la angla-usonaj soldatoj. Rilate la starigon de demokratio en Irako, ĝi ne ŝajnis tuj venonta. Tamen, la nomoj de la lastatempaj operacoj de NATO – kiuj sonoras kiel nomoj de parfumoj – devus atesti pri la pureco de la intencoj: "Ĝusta kaŭzo" konkuras kun "Tempesto de la dezerto", "Rikolto esenca", "Justeco senfina" aŭ "Libereco neŝanĝebla"…

Se oni denove interesiĝas pri la rusa-ukraina konflikto, oni devas agnoski, ke la ekzemploj multnombras. La ekonomiaj kaj geostrategiaj interesoj de la rusoj estis tuj prezentitaj kiel evidentaĵoj sed ĉe ni oni silentas pri la ekonomiaj kaj geostrategiaj interesoj de la okcident-anoj. Oni pli ŝatas klarigi la intervenon de NATO en la konflikto por moralaj motivoj: ĉe nia flanko, la ekmilito "por haltigi Rusion" estas la rezulto de etikaj valoroj kiel nia amo por la demokratio, la libera elekto de la popoloj (krom se ili decidas aniĝi al Rusio) kaj la liber-eco. Oni tre malmulte aludas la antaŭeniron de NATO direkte al la rusaj landlimoj aŭ la intereson de la militindustriaj premgrupoj por vendi aŭ eksporti armilojn al Ukrainio. Neniam oni parolas pri oligarkoj kiam temas pri niaj miliarduloj, tiu aĉiga vorto taŭga nur por la rusaj miliarduloj. Rilate la usonajn interesojn ligitajn al la energifontoj, ili ankaŭ estas flanklasitaj en la debato. Ne gravas se en *Alternatives Économiques* oni povas legi: *"Por redukti sian dependecon de natura rusa gaso, Eŭropo importos pli da usona gaso, interalie skistogaso, pagita plej koste*[72]." Oficiale la ukraina registaro luktas, kun NATO-helpo, por demokratio (eĉ se ĝi malpermesis opoziciajn partiojn, kies kelkaj gvidantoj estas en malliberejo kaj ĝi kontraŭstaris al la sindikatoj) kaj Rusio luktas por forigi naziismon el Ukrainio, eĉ se en ĝi mem daŭras aŭtoritata reĝimo.

Imperiismo, en la propagando, estas ĉiam instigata de la "Alia". Usono akuzas Ĉinion pri imperiismaj kaj militismaj intencoj. Sed Ĉinio sciigas ke ĝi havas nur unu militan eksterlandan bazon kontraŭ 725 por Usono kaj ke la ĉinaj militaj elspezoj estas 14 dolaroj ĉiujare por unu enloĝanto kontraŭ 2187 por Usono.

Ŝajnas fakte ke la homa naturo volas, ke ĉiu grupo prezentu sin kiel aganta por ĉies profito.

Jam Voltaire[73] (1694-1778) imagis ke, laŭ la ordono de la genio Ituriel, la skito Babuko iris sinsekve en la flankon de la hindianoj kaj en tiun de la persanoj, *kiuj militas ekde multaj jaroj pro ridinda kaŭzo, ĉiu registaro certigante ke ĝi deziras nur la feliĉon de la homa speco. Nur niaj ĉefaj satrapoj scias precize kial oni interbuĉiĝas. […] La murdoj, la incendioj, la detruoj, la ruinigoj multiĝis, la universo suferas kaj la furiozo daŭras. Nia ĉefa ministro kaj tiu de Hindio ofte protestas ke ili agadas nur por la feliĉo de la homa speco, kaj je ĉiu protesto, ĉiam estas kelkaj urboj detruitaj kaj kelkaj provincoj ruinigitaj.*

Eĉ la plej malnoblegulo inter la homoj sekve malofte konfesas havi egoistajn aŭ fiajn motivadojn, kaj kontraŭe certigas havi bonajn intencojn, altruistajn celojn kaj sin mem persvadas pri tio por daŭrigi pri si mem pozitivan bildon. La hispanaj konkerantoj provis gajni animojn al kristanismo, la ĉilaj torturistoj luktis kontraŭ marksismo...

Post tiu mempersvado, estas necese konvinki la publikan opinion ke ĝi devos partopreni en nobla kaŭzo. Oni ĝin persvados ke estas necese interveni kontraŭ "banditoj", "krimuloj", "murdistoj". Tio estas ankaŭ unu el la principoj de la militopropagando: necesas prezenti ĝin kiel la konflikton inter civilizacio kaj barbareco. Pro tio estas necese konvinki la publikan opinion ke la malamiko faras sisteme kaj memvole abomenaĵojn, dum nia flanko povas fari tute nevole misagojn.

Tio estas la kvina elementa principo de la militopropagando kiun nun ni klarigos.

5. La malamiko konscie provokas kruelaĵojn; kiam ni faras misagojn, estas nevole.

Raportoj pri kruelaĵoj faritaj de la malamiko estigas esencan fundamenton de la milita propagando.

Tio evidente ne signifas ke ne okazis kruelaĵoj dum la militoj. Tute male, murdoj, ŝteloj kun armiloj, incendioj, disraboj kaj seksperfortoj pliĝuste ŝajnas – bedaŭrinde – esti kutima situacio en ĉiuj militaj cirkonstancoj kaj la agadmaniero de ĉiuj armeoj, ekde la Antikveco kaj ĝis la militoj de la 21-a jarcento.

Male, tio, kio estas specifa al la milita propagando, estas kredigi ke nur la malamiko kutimas tiel agi dum nia propra armeo estas je la servado de la loĝantaro, eĉ malamika, kaj de ĝi amata.

La nenormala krimeco iĝas nur simbolo de la malamika armeo konsistigita esence de tute senmoralaj banditoj.

Dum la Unua Mondmilito, tiu imago estis ekspluatita en la du flankoj. En la germana flanko cirkulis la akuzo al belgaj kaj francaj civiluloj mallojale gerili kontraŭ la germana armeo. Arthur Ponsonby notis, en la germana propagando, la diskonigon de onidiro laŭ kiu ĉambro de la hospitalo de Akeno estas rezervita por la germanaj soldatoj, kies okuloj estis elŝiritaj en Belgio! Aliparte, la germanaj gazetoj publikigis la informon laŭ kiu franca kuracisto kaj du ofi

ciroj infektis puton en Messo* (Metz) per baciloj de la pesto kaj

---

*   Metz, franca urbo

ĥolero. En la sama tipo de inspiro, la germana "gazetara Buroo" (*Pressekonferenz*), prezidita de soldato, disvastigis la famon, ke belgaj pastroj estis kaŝintaj mitralon malantaŭ sia altaro, mortpafintaj germanajn soldatojn aŭ tranĉintaj la fingrojn de germanoj portantaj ringojn por porti ilin kiel kolieron aŭ ankoraŭ estis regalintaj ilin per kafo kun striknino...

Tiuj teruraj onidiroj okazigis ĉe la germanaj trupoj nepriskribeblan panikon: ĉiu belga aŭ franca civilulo ŝajnis al ili eventuala sadisto.

Akuzoj de la Aliancanoj pri la sinteno de la germana armeo rapide aŭdigis sin replike. Laŭ la nuntempaj verkistoj[74], tiuj akuzoj naskiĝis el la kompleksa renkonto inter la kolektiva subjektiveco kaj la milita realeco kaj estis *uzataj*, pli ol tute inventitaj de la propagandaj burooj de la du flankoj. Ili verŝajne aperis, kiel legendoj, sen ia rilato, eĉ nerekta, kun la eventoj kaj spegulis en la imagopovo la histerian timon, kiun sentas la civiluloj kaj la soldatoj konfrontitaj al la streĉita etoso de la milito. Al la oficialaj propagandoj restis nur la ebleco kreskigi tiun kolektivan popolan emocion kiujn ili estis povintaj, male, malkreskigi aŭ eĉ malaperigi vigle intervenante por malkonfirmi tiujn legendojn.

En la flanko de la Aliancanoj, la temo de la "belgaj infanoj kun tranĉitaj manoj" estis tiu, kiu dum la Unua Mondmilito, havis la plej grandan sukceson kaj politikajn efikojn. John Horne konkludis pri la senbaza karaktero de tiu onidiro kaj studis la aperon de tiu legendo, kiu komencis per la publikigo, je la fino de 1914, de rakontoj pri diversaj mutiladoj por atingi en 1915 pli precizan temon de "tranĉitaj manoj". La temo de la "tranĉitaj manoj" ludis rolon resumigan kaj simbolan por la publika opinio. Tiu temo devis doni profundan moralan signifon de lukto kontraŭ barbareco al la konflikto, kiun oni konjektis longa kaj kruela. Laŭ tiu aŭtoro, la unua stadio ne estis rezulto de oficiala antaŭaranĝita kampanjo sed tiuj rakontoj pri kruelaĵoj puŝĵetis la rifuĝantojn sur la vojojn. Se, laŭ strikte milita vidpunkto, tiu amasa fuĝo estigis malbonsignnan perturbon, kompense la temo de la belgaj rifuĝantoj (kaj de la germanaj krue-laĵoj) estis internacie multe ekspluatata.

Post la Granda Milito, Lord Esher skribis: *La belga epizodo estis bonŝanca helpo, kiu alportis oportune al nia militeniro la necesan moralan pretekston por protekti la nacian unuecon, eĉ se ne tiun de la registaro*[75]. La belgaj rifuĝintoj kaj la legendo de la infanoj kun "tranĉitaj manoj" servis en Usono por favore inklinigi ĝin al enmiksiĝa politiko.

La belga historiisto Suzanne Tassier[76], kiu laboris pri la usonaj arkivoj, rivelis la esencan rolon de la bildo de *"poor little Belgium"* pri la usona opinio. Ĝi estigis morale neebla la neŭtralecon de Usono kaj estigis ĝin interveni ĉe la flanko de la Aliancanoj.

La unuaj breĉoj en la usona izolismo profundiĝis ekde 1915-1916, per la agado sur la usona opinio de la *"Commission for relief in Belgium"* (Komisiono pri homhelpado en Belgio), ĝiaj alvokoj favore al la belgaj infanoj kaj ĝiaj kampanjoj por kolekti vestaĵojn kaj nutraĵon por la belgaj viktimoj de la germana agreso[77].

Per kortuŝaj rakontoj, la belgaj beboj kun tranĉitaj manoj estis ankaŭ reuzitaj multfoje de Émile Vandervelde kaj Jules Destrée dum iliaj rondvizitoj en Italio por persvadi la italojn ekmiliti ĉe la flanko de la Aliancanoj.

Francesco Saverio Nitti, kiu estis ministro dum la milito kaj poste prezidanto de la itala Konsilio de Ministroj, atestis en siaj memoraĵoj pri la efekto de tiuj rakontoj: *Ni aŭdis rakonti la historion de malfe-liĉaj belgaj infanoj al kiuj la hunoj tranĉis la manojn. Post la milito, riĉa usonano, profunde kortuŝita de la franca propagando, sendis misiiston en Belgion por okupiĝi pri la vivtenado de la infanoj kies malfeliĉaj manetoj estis tranĉitaj. Li ne sukcesis malkovri eĉ unu. S-ro Lloyd George kaj mi mem, kiam mi estris la italan registaron, faris precizajn esploradojn pri la vero de tiuj akuzoj, pri kelkaj el tiuj kies nomoj kaj lokoj estis specifitaj. Nu, aperis ke ĉiuj kazoj, esploritaj de ni, estis inventitaj*[78].

Oni rakontis ke la germanoj kripligis la flegistinojn, senfeligis la korpojn de siaj militkaptitoj por fari lubrikaĵojn, ke ili ŝtopis la belgajn minejojn por enterigi en tiuj ankoraŭ vivantajn ministojn, ke ili tatuis per germana aglo la vizaĝon de siaj kaptitoj aŭ trančis al ili la langon. La gazetaro certigis ke la germanoj efektivigis bomb-adojn antaŭpensitajn de hospitaloj kaj aparte "celis" la preĝejojn.

Germana oficiro, famkonata kiel ne trafebla de la kulturo kiel sia tuta " raso" (kiu tamen, antaŭ la milito, donis čiujare al la mondo sian grandan kvanton de sciencistoj, artistoj kaj pensuloj) estis laŭ-dire ĵetinta en la flamojn de la incendio de Loveno *La lastan sanktan manĝon* de Dirk Bouts, tamen daŭre videbla nuntempe en la preĝejo Sankta-Petro de Loveno.

La monstro *"boche"* svingis sian torčon por incendii la artajn urbojn kaj monumentojn, levis sian glason por trinki, trančis la gorĝon de la sučinfanoj kaj alterne aŭ trančis la mamojn de virinoj aŭ impetis sur tiujn por seksperforti ilin kun demona rido[79].

La realaj kruelaĵoj de la milito estis tamen sufiče kruelaj (kaj ekzem-ple la kvin mil kvindek mortpafitaj civiluloj de Dinant, Tamines, Andenne, Rossignol kaj de aliaj belgaj urboj kaj vilaĝoj, mortigitaj en du monatoj laŭ la preteksto de agadoj de izolitaj pafistoj) sed estis necese aldoni al tio pli "spicitajn" detalojn por kredigi ke la milito kontraŭstarigis popolon de banditoj al paladinoj serčantaj noblajn agadojn.

Tiel, laŭ Ponsonby, oni rakontis ke *tridek aŭ tridek kvin germanaj soldatoj eniris en la domon de David Tordens, čaristo en Sempst* [hodiaŭ Zempst], *ili ligis la viron, kaj poste kvin aŭ ses el ili sin ĵetis sur lian dektri-jaraĝan filinon, perfortis ŝin, poste trapikis ŝin per siajn bajonetoj. Post tiu abomenaĵo, ili pikvundis per bajonetaj frapoj lian naŭ-jaraĝan filon kaj mortpafis lian edzinon. La vivo de la viro estis savita dank'al la alveno ĝustatempe de belgaj soldatoj. Oni certigis krome ke en Sempts čiuj junulinoj estis forportitaj kaj perfortitaj de la germanoj.*

Nu, la sekretario de la komunumo Paul Van Boekpoort, la urbestro Peter Van Asbroeck kaj lia filo Louis Van Asbroeck deklaris, en ĵur-ligita depozicio farita la 4-an de Aprilo 1915 en Sempts, ke la nomo de David Tordens donita al la ĉaristo estas tute nekonata de ili, kaj ke neniu en la vilaĝo konas David Tordens. Ke dum la milito neniu virino aŭ neniu infano malpli aĝa ol dek kvin jaroj estis mortigitaj kaj ke, se tia agado estus okazinta, certe ili ekscius.

Alia rakonto estis publikigita laŭ kiu, en Ternat, germanoj estis renkontintaj junan knabon kaj estis demandintaj al li la vojon al Thurt. Ĉar la knabo ne komprenis ilin, ili tranĉis la manojn. La deklaro de la urbestro de Ternat al la D-ro Poodt, farita la 11-an de Februaro 1915, tiel certigis: *Mi deklaras ke ne eĉ unu vorto estas vera en tiu rakonto. Mi estis en Ternat ekde la komenco de la milito kaj ne eblas ke tia agado ne estu al mi raportita; tio estas inventaĵo.*

La kapitano F. W. Wilson, iam eldonisto de *Sunday Times*, raportis pri la ellaborado de unu el tiuj rakontoj. La raporto pri tio estis publikigita en *The New York Times* (kaj reproduktita en *Crusader* de la 24-a de Februaro 1922):

Korespondanto de Daily Mail *de Londono, kapitano Wilson, estis en Bruselo dum la milita periodo. Oni telegrafis al li, ke oni bezonas rakontojn pri kruelaĵoj. Nu, en tiu momento ne okazis kruelaĵoj. Sekve oni telegrafis al li ke oni deziras ricevi rakontojn pri rifuĝintoj. Tiam mi diris al mi: "Bone, ne necesos al mi moviĝi". Estis malgranda urbo proksime de Bruselo, kie oni povas akiri tagmanĝon kaj eĉ apartan bonan tagmanĝon. Mi eksciis ke la hunoj ankaŭ estis tie. Mi supozis ke tie certe iam estis bebo. Sekve, mi skribis historion ege kortuŝan pri bebo de Korbeek-Loo forprenita al la hunoj en la lumo de la brulantaj domoj.*

La postan tagon, oni telegrafis al mi sendi la bebon, ĉar oni jam ricevis ĉirkaŭ kvin mil leterojn de homoj, kiuj proponis sin por adopti la knabon. Du tagojn poste, la oficejo de la gazeto estis supersûtita de vestaĵoj por beboj. Eĉ reĝino Alexandra sendis simpatian telegramon kaj kelkajn vestaĵojn. Kaj mi tamen ne kapablis telegrafi responde al ili ke la bebo ne ekzistas. Tiel mi fine akordiĝis kun la kuracisto, kiu prizorgis la rifuĝintojn, por diri ke tiu kara bebo mortis pro ia kontaĝa malsano, kaj pro tio ne eblis fari por li publikajn funebraĵojn.

Kaj Lady Northcliffe zorgis organizi bonfaran feston kun ĉiuj tiuj bebaj vestaĵoj.

La germanoj ankaŭ supoze krucumis kanadan soldaton. La historio rondiris en la kanada gazetaro kaj membroj de la parlamento elvokis ĝin en Britio, en siaj publikaj paroladoj: *La militaj estroj en Francio havas konstantajn instrukciojn, ordonantajn al ili sciigi la detalojn de ĉiuj kazoj regule konstatitaj de kruelaĵoj faritaj kontraŭ niaj trupoj de la germanoj. Neniu informo estis ricevita rilate la demandon faritan de la honorinda membro, sed, sekve al la informo enhavanta la antaŭan demandon de la honorinda membro, enketo estis malfermita kiu ankoraŭ plu daŭras* (respondo de S-ro Tenant en la Ĉambro de komunuloj, la 19-an de Majo 1915). Sed la vereco pri tio estis foje kontestita de la generalo March en Vaŝingtono. En 1919, la demando reaperis sekve al la publikado de letero en *La Nation* (la 12-an de Aprilo) devenanta el soldato, E. Loader, de la Dua Reĝa West Kent regimento, kiu deklaris ke li vidis la krucumitan kanadanon. Poste, *La Nation* estis informita ke neniu soldato kun tiu nomo troviĝis sur la soldata registro de la Royal West Kent kaj kies dua bataliono restadis en Hindio dum la tuta milito...

Se ni povas facile imagi, ke tiaj kruelaĵoj estu atribuitaj al niaj malamikoj de la Unua Mondmilito, estas male pli malfacile imagi ke niaj malamikoj prezentis niajn soldatojn kiel kruelegajn bestojn soifajn pri sango.

La Aliancanoj de la Unua Mondmilito evidente ne estis tamen malkapablaj levi la manon sur senarma malamiko. La germana armeo de la Unua Mondmilito kulpis pri multnombraj kruelaĵoj sed la masakroj de belgaj civitanoj okazis paralele en la flanko de la Aliancanoj. Diversaj verkoj – el kiuj kelkaj estas fidindaj – estis publikigitaj en Germanio kaj en Aŭstrio indikantaj la militkrimojn de la Aliancanoj[80].

Flugfolio, ĵetita dum la unuaj tagoj de Aŭgusto 1916 de germanaj aviadistoj sur la ĉefstabejon[81], denuncis la bombadojn de la francaj aviadiloj kontraŭ civiluloj tre malproksime malantaŭ la fronto, en Karlsruhe, Mullheim, Fribourg, Kandern, Holzen kaj Mappach.

La flugfolio denuncis tiujn "barbarajn atakojn", kiuj mortigis virinojn kaj infanojn ekster ajna milita celo.

Efektive, la Aliancanaj bomboj ne falis nur sur la kazernojn kaj la stacidomojn kiel ĉiutage sciigis la francaj gazetoj. La bombado de Karlsruhe la 26-an de Junio 1916 de la Aliancanoj, ekzemple tuj mortigis 26 virinojn kaj 154 infanojn kiuj sekvis la procesion de la Dio-Festo.

Miss Cavell kaj Gabrielle Petit havis siajn egalulojn, kiel tiu farmistino apud Valmy, kondamnita al morto de la milita Konsilio ĉar ŝi hejmakceptis germanajn fuĝantojn kaj permesis al ili forfuĝi[82].

Francaj soldatoj, postenigitaj al la gardo de germanaj kaptitoj, atestis pri frapoj per bastonegoj kaj bovtendeno kaj pri truditaj nutraĵomankoj, *antaŭ la indulgemaj okuloj de la ĉefo al gregoj de germanoj plendindaj, pedikoplenaj kaj malsataj*[83].

Franca kavaleria oficiro, nomita Gouttenoire de Toury, akuzis nekontesteble la francan generalon Martin de Bouillon, komandantan la 13-an infanterian divizion, esti ordoninta tuj antaŭ la atakoj de la 25-a de Septembro 1915 en Artezo finmortigi la kaptitajn germanojn.

La armea kuracisto Koechlin sciigis, ke la sama ordono estis donita je la sama dato en Champagne (Ĉampanio) kaj ke la 52-a kolonia regimento aparte plenumis ĝin, kun fervoro, tiagrade ĝis tute ekstermi germanan sukurejon kun ĝiaj vundtoj, flegistoj kaj kuracistoj.

Kiel ĉiuj armeoj de la mondo, la armeoj de la Aliancanoj de la Unua Mondmilito havis malantaŭ si pezan pasintecon. La britoj ofte "ekzerciĝis" antaŭe. Ili incendiis senmotive Vaŝingtonon en 1812, faris multajn kruelaĵojn en Irlando kaj Hindio. La germanoj ja ekstermis la hererojn en Namibio, sed dum la milito en Suda Afriko, la britoj detruis sisteme la bienojn de la buroj kaj inventis por ili la unuajn "koncentrejojn[84]". La rusoj ekscitiĝis en 1830 kaj 1863 kontraŭ la poloj kaj denove dum la Unua Mondmilito, senkompate suferigis la litovojn, latvojn kaj polojn, kiujn ili forkondukis dum sia retiriĝo. En orienta Prusio ili detruis pli ol tridek mil domojn en unu invada monato (kompare kun tio dek kvin mil estis detruitaj en Belgio de la germana invado). La usonanoj distingiĝis per la genocido de la indianoj. La belgoj ne estis tre amemaj en Kongo. Rilate la francojn, la napoleonaj militoj kaj la subpremo de la Pariza Komunumo estis "modeloj" de kruelaĵoj malfacile supereblaj je tiu epoko.

Kredi ke dum la Unua Mondmilito alfrontiĝis banditoj de unu flanko kaj noblaj kavaliroj de la alia estas signo de aparta naiveco.

La perfortaĵoj, de unu flanko aŭ de alia, certe povas esti plimalpli kruelaj kaj eĉ tute misproporciaj laŭ la cirkonstancoj, la rimedoj, la disciplino aŭ la donitaj ordonoj sed la milita propagando devas kredigi ke ili estas kaŭzitaj **nur** de la malamiko. Ni mem povas estigi "misagojn", pro eraro aŭ malatento.

Tiu principo estis ankoraŭ fidele aplikita dum la militoj de Alĝerio aŭ de Vjetnamio, aŭ pli freŝdate dum la militoj kontraŭ Irako kaj Jugoslavio. Rilate la unuan militon de Golfo, oni kredigis en niaj amasinformiloj, ke la okcidentaj pilotoj kaptitaj de la irakanoj havis la vizaĝon ŝveligitan pro la frapoj... antaŭ ol malkonfirmi poste kaj konfesi ke ne temis pri perfortaĵoj truditaj de la irakanoj sed fakte ekimozoj estigitaj dum la elĵeto de la fluganta aviadilo!

Aliparte oni scias ke por decidigi la usonan publikan opinion al interveno en la konflikto inter Irako kaj Kuvajto, la reklama firmao Hill and Knowtown estis invitita krei gazetkampanjon favoran al tiu interveno. La klimakso de tiu kampanjo, tiu kiu estis reuzata multfoje en la Usona Kongreso, en la Unuiĝintaj Nacioj kaj en la paroladoj de prezidanto Bush, estis korprema historio de kuvajtaj beboj forprenitaj el siaj koviloj de la irakaj soldatoj por rabi la inkubatorojn.

La mensogo havis decidigan pezon en la plena ŝanĝo de la usona publika opinio. Oni poste pruvis, ke ĝi estis nura invento de la agentejo, financita de la kuvajtaj rondoj, sed ĝi efike ludis sian rolon.

La raportoj pri kruelaĵoj havis ankaŭ decidigan rolon por konsentigi al la publikaj eŭropaj kaj usonaj opinioj la bombadojn kontraŭ Jugoslavio. Certe, kiel en ĉia milito, ĉefe intercivitana, la perfortaĵoj estis multnombraj en Kosovo sed la propagando duflanke insistis – laŭ tre klasika metodo – nur pri la kruelaĵoj de la malamiko.

La okcidentaj amaskomunikiloj uzis tre precize la militpropagandan principon, kiu estas la temo de tiu ĉapitro: demokratioj povis agi malbone nur senmalice dum la serboj tion plenumis intence.

La suferoj de la serbaj viktimoj sekve povis nur aperi kiel "misfaroj" kaj la esprimo "flankaj damaĝoj" estis uzata por tiuj viktimoj, kiujn ne bezonis kompaton.

En la okcidenta flanko, la propagando estis direktita, tre frue antaŭ la bombadoj, al la serbaj krimoj de "etna purigado" en Kosovo, kiu estis laŭdire farita laŭ antaŭpensita plano[85]. Oni raportis ke la stadiono de Priština estis transformita en koncentrejon por cent mil homoj kaj ke Milošević murdis la moderajn albanajn partiestrojn de Kosovo[86], kiuj – tre feliĉe – reaperis post kelkaj tagoj.

La okcidentaj informiloj dediĉis grandan lokon al "informoj" kiel la masakro de pseŭdociviluloj de Racak[87], la malkovro de "kadavramasoj[88]" (la vorto estis sisteme uzata pri la viktimoj de la malamiko, sed niaj kuŝas digne en tombejoj aŭ aliaj " sepultejoj"...) kaj komprenoble al fantaziaj bilancoj kiuj mencias plurajn centojn da miloj da albanaj viktimoj de la serba teroro. Se, post la milito, la kvanto de nombritaj viktimoj fare de hispanaj ekspertoj-kuracistoj en Kosovo malpliiĝis al malpli ol kvar mil forpasoj de diversnaciecaj homoj ĉeestantaj en Kosovo, tio ne gravas[89]. La amasinformila mensogo efike ludis sian rolon kaj preparis la okcidentan opinion akcepti la ideon pri bombadoj.

Pri la elmigro de la albanaj rifuĝintoj de Kosovo, parte estigita de la serba teroro kiu akrigis sekve de la NATO-bombadoj[90] kaj parte estigitaj de la bombadoj mem, ĝi estis pleje ekspluatita de la okcidentaj informiloj.

Same kiel en la pasinteco la belgaj rifuĝintoj, la albanaj belege servis la politikon. Dum pluraj semajnoj ne estis iu televida informilo, kiu ne komencis sen tiuj animskuaj imagoj, sen tiuj kortuŝaj atestoj: rakontoj pri forlasitaj infanoj, seksperfortitaj virinoj, amase mortigitaj familioj, atestoj de adoleskantoj...

Franca oficiro certigis, ke atesto de malgranda dek kvin jaraĝa albana rifuĝinto, kun kuglo en la brako, efikas pli ol kvindek divizioj[91].

Kiel en la bona malnova tempo de la Unua Mondmilito, se la rakontoj ne estas sufiĉe kortuŝaj, oni inventas ilin. La propagando postulas antaŭ ĉio "bonajn rakontojn". La ĵurnalisto Nancy Durham de CBC (Canadian Broadcasting Corporation) klarigis rilate tion kiamaniere ŝi estis trompita kaj diskonigis ĉe dekoj da televidaj kanaloj, la rakonton de albanino de Kosovo, Rajmonda, certiganta ke ŝi vidis sian fratineton mortigitan antaŭ siaj okuloj. Post serioza enketo riveliĝis, ke la familio de ŝia atestanto tre bone fartas, ke Rajmonda estis aktivulino de la UÇK (Kosova Liberiga Armeo) kaj ŝia rakonto estis tute elpensita. Nancy Durham, konsternita pro sia malkovro, volis ke la spektintoj sciu ke la raporto, kiun ŝi publikigis estis malvera, sed la televidkanaloj nepre malkonsilis al ŝi tiun klarigon[92].

Parolante pri la politika ekspluatado de la afero de la belgaj rifuĝintoj dum la Unua Mondmilito, Georges Demartial diris: *Francio kaj Anglio ekspluatis la malbonsorton de Belgio, kiel tiuj virinoj kiuj ekspluatas la publikan bonkorecon tenante en siaj brakoj plorantan infanon. Ili daŭre plorigis la infanon por ampleksigi la enspezon...*

En la jugoslava flanko, kontraŭe, nepre oni parolis esence pri la civilaj viktimoj de la bombadoj taksitaj de kvincent ĝis kvin mil laŭ la fontoj[93], kaj pri la etna purigado de Kosovo fare de la albanaj milicianoj de UÇK, venkinta ekde la somero 1999.

Laŭ enketo de Human Rights Watch, organizo tamen tre favora al Usono, pli ol duono de la civilaj mortoj pro la NATO-bombadoj estis viktimoj de atakoj direktitaj al celoj sen milita funkcio[94]. Sed NATO certigis, ke la elektraj centraloj, la pontoj, la fabrikoj, la konstruaĵoj de la televido havas militan funkcion. Se civiluloj estis trafitaj, tio okazis ĉar Belgrado uzis ilin kiel "homajn ŝildojn[95]"! La okcidentaj informilaroj rifuzis agnoski la gravecon de tiuj "flankaj damaĝoj", kies amplekson mi povis taksi dum vojaĝo en Jugoslavio en Majo 1999, dum la bombadoj[96].

Por kaŝi kelkajn fatalajn erarojn, kiel la bombadon de vagonaro ĝuste kiam ĝi alvenis sur ponton, NATO ne hezitis truki la filmon de la operaco, plirapidigante la bildojn por povi preteksti pri "misfaro[97]". La detruo de la traktoroj de la sinsekvo de rifuĝantoj, kiujn usona ĉielkavaliro prenis por tankoj, ne estis inda eĉ je klarigoj aŭ bedaŭroj.

Rilate la "etnan purigadon" – alie nomata "delokigo de loĝantaro" – serboj, ciganoj, bosnianoj kaj aliaj nealbanoj de Kosovo, post la alveno de NATO en Kosovo, ĝi estis taksita en la raporto de Jiří Dienstbier[98] je pli ol ducent kvindek mil elpelitoj kaj estis la kaŭzo de multnombraj kruelaĵoj. Sed ĝi ne plu okazigis la saman humanan diligentecon en la okcidenta informilaro kiel la antaŭa purigado. Ĝi, male, estis evidente multe uzata en la informilaro de Jugoslavio kiel por la viktimoj de la NATO-bombadoj, alie nomitaj "frapoj" en niaj informilaroj, por esti samtempe pli moderna kaj neŭtrala termino ol "bombadoj", kiu estas nepopulara vorto, sangomakulita kaj kiu povas elvoki la bombadojn, kies viktimoj dum la Dua Mondmilito estis niaj geavoj.

La vortoj havas pezon: en nia flanko oni parolas pri "liberigo" de la teritorio, pri "translokado" de loĝantaroj, pri "tombejoj", pri "informo". Se temas pri la alia flanko, ni devas sisteme anstataŭigi tiujn vortojn per "okupado", "etna purigado" aŭ "genocido", "amastombejoj" kaj "propagando".

Kiam, en Majo 1999, la hospitalo de Belgrado estis trafita per la NATO-bomboj, la *Vesperaj Novaĵoj* de Belgrado[99] skribis sur la unua paĝo, pri la kortuŝaj fotoj de vunditaj naskintinoj kunprenantaj en siaj brakoj novnaskitojn: *Bomboj sur la lulilojn*.

Belgrado publikigis *Blankan Libron* en du volumoj pri la krimoj de NATO en Jugoslavio, entenantan la raportojn de la juĝaj estroj kaj multnombrajn kaj abomenajn fotojn, ekzemple pri la bombado de kolono de rifuĝintoj la 14-an de Aprilo 1999 en Đakovica[100]. Alia verko, eldonita en Belgrado en 2000 de *Center for Peace and Tolerance* (Centro por Paco kaj Toleremo), prezentis ankaŭ multajn fotojn de serboj truditaj al ekzilo, de krimaj incendioj de iliaj domoj kaj preĝejoj post la venko de UÇK, kiu estis helpita per la NATO-bombadoj[101].

La ĝenerala prokuroro de Serbio kulpigis en Aŭgusto 2000, pro tio kion li taksas kruelegaj militokrimoj, dek kvar prezidantojn kaj ministrojn de okcidentaj potencoj. Inter ili Bill Clinton, Madeleine Albright, Tony Blair, Jacques Chirac, Gerard Schröder, Joschka Fischer kaj la ekssekretarion de NATO, Javier Solana[102].

La okcidentaj informilaroj – tute logike – neniel raportis pri tiuj kruelaĵoj, ĝenantaj laŭ politika vidpunkto. La solaj "interesaj" kruelaĵoj por la propagando estas tiuj kiuj povas esti politike ekspluatataj.

Sed la esenco mem de la milito estas perforto, por ĉiu batalanto. Estas utopie deziri ĝin humana kaj modera. Ĝi ne estas humanigebla. Male al tio kion la milita propagando asertas, ne ekzistas manieroj kavalirecaj aŭ nekavalirecaj fari ĝin.

Tiu principo estas precipa por akiri la subtenon de la publika opinio. Ĝi agis en ĉiuj militoj de la 20-a jarcento, kontraŭstarigante la malamikajn ogrojn, seksatencantajn virinojn kaj memvole kripligantajn, al niaj bonaj soldatoj, kiujn ĝoje atendis la malamikaj civiluloj, vigle agantaj por protekti ilin kaj nutri ilin, almenaŭ helpi la malamikajn vunditojn.

Malfeliĉe, tiu kliŝo ne taŭgas por la freŝdataj militoj kiel por la pasintecaj militoj. Ĉiuj armeoj seksatencas kaj molestas kiam tio eblas. Freŝdata verko de usona universitata profesoro taksas je dek sep mil la nombron de seksatencoj faritaj de la usonaj infanterianoj sur britaj, francaj kaj germanaj virinoj de ĉiuj aĝoj, dum la Dua Mondmilito[103].

Kompreneble, la vortoj havas pezon kaj kiam oni parolas pri niaj soldatoj "liberigantaj" Bagdadon, aŭ "sekurigantaj" Kabulon[104], tio multe malpli pezas ol paroli pri okupadaj trupoj.

La bildoj de "liberigo" estis zorge enscenigitaj kun la helpo de milita materialo (por malbolti la statuon de Saddam Hussein antaŭ la hotelo Palestina), figurantoj (intimuloj de Ahmed Chalabi*) kaj eĉ akcesoraĵoj alportitaj de la liberigantoj (T-ĉemizoj, flagoj, insignoj...).

La informoj en la amaskomunikiloj pri la disdono de nutraĵo per la NATO-soldatoj en Afganio fortigis ĉe la okcidenta publiko la ideon, ke niaj soldatoj estis tie por feliĉigi la loĝantaron.

Inverse, la "aĉa iraka soldataro" ponardis kaj draŝis malfeliĉan usonan junulinon kies nomo estas Jessica Lynch, ĝis ŝia liberigo per plotono de ranĝeroj. Tiu "liberigo" ege uzita en la informilaroj, se ĝi refortigis la spiritostaton de Usono, neniel kongruis kun la realeco. La brita televido BBC rivelis ke la juna soldatino, anstataŭ suferi molestadon, male profitis de la plej bona lito de la hospitalo kaj de du sangotransfuzoj kaj ke la fulma atako kontraŭ la hospitalo de Nassiriya do estis nur spektaklo por la amaskomunikiloj.

Rilate la militkrimojn de la okcidentanoj en Afganio en 2001, aŭ dum la dua milito en Irako, ili estas – tre klasike – konsiderataj niaflanke kiel "kontraŭvolaj misagoj[105]". Misagoj do kaj ne kruelaĵoj: la ekzekutoj de talibanaj kaptitoj en Kunduz, la kvardek ok civil-uloj mortigitaj dum edziĝfesto la 1-an de Julio 2002 en Kakarak, la

---

* ĉefministro nomumita de la Usona armeo

torturitaj malliberuloj en Guantanamo, la irakaj terkulturistoj sub la bomboj, la kanonadoj de civiluloj en la kampoj…

Se la "fuŝaĵoj" multiĝis en Irako, tio okazis pro provokaj agadoj kiuj ekscitas la "nervozecon" de la koaliciaj soldatoj[106]. En Faluĝa, se dek ses loĝantoj de la urbo estis mortigitaj per mitraleto de la usonaj soldatoj, tio okazis ĉar ili provokis la usonan armeon dum manifestacio, interalie ĵetante al la soldatoj ŝuojn kiujn tiuj prenis por grenadoj[107]!

Sed la oficiala versio pri la homhelpaj soldatoj de la koalicio estis severe malfirmigita per la publikado en *Evening Standard*[108] de la konfesoj de usonaj soldatoj, kiuj diris ke ili pafis sendistinge kontraŭ nebatalantoj, lasis morti vunditajn malamikajn batalantojn aŭ eĉ finmortigis ilin. La usonaj infanterianoj esprimantaj sin en la brita ĵurnalo diris ankaŭ ke ili ne kapablis distingi inter civiluloj kaj malamikaj trupoj. Veraĵo sendube evidenta en la plimulto de la militoj sed tre malproksima de la edifa bildo ŝutita de la oficiala propagando.

Voltaire, en siaj *Filozofaj Fabeloj*, jam diris: *Ne estas leĝoj por la milito. La malbono, kiun ĝi ne faras, tio estas la timo aŭ la intereso kiu ĉesigas ĝin.*

Milito, ĉe neniu flanko, estas morala ekspedicio, kiu zorge domaĝas la civilulojn. La milito inter Rusio kaj Ukrainio (subtenata de NATO) ne estas escepto. Se la rusaj kruelaĵoj estas detale prezentitaj en la okcidenta gazetaro, la raporto de *Human Rights Watch* alarmanta pri la perfortaĵoj faritaj de la ukrainaj soldatoj kontraŭ rusaj militkaptitoj estis prezentitaj laŭ la kondicionala formo en la ĵurnalo *Le Monde* (sabato 9-an de Aprilo 2022, kiu titolis *Eblaj perfortaĵoj faritaj de ukrainaj militistoj*). Sammaniere la raporto de Amnesty International de la 4-a de Aŭgusto 2022, kiu sciigis kun precizaj ekzemploj, ke Kievo endanĝerigas civilulojn (la homaj ŝildoj kritikitaj kiam temas pri tekniko de la adversa armeo), deplojante trupojn en loĝataj kvarteloj, estis malfavore akceptita de la okcidenta gazetaro[109]. En Aŭgusto 2022 ankaŭ, la fremdaj legianoj kiuj luktas por Ukrainio laŭ la prezidanta dekreto de la 27-a de Februaro 2022, estis objekto de

78-paĝa raporto, kiu sciigas ke ili kulpis pro krimaj agadmanieroj: rabatakoj, ŝteloj, ŝakradoj de armiloj, perfortaĵoj kontraŭ virinoj, sub la estrado de pola krimulo (*Kyiv Independent*). Tiuj maltrankviligantaj informoj estis tre malmulte publikigitaj de la okcidentaj amaskomunikiloj. Ĉiam estas necese diskonigi la teruraĵojn faritajn de la malamiko (ezemple la konduton de Ĉinio rilate la ujgurojn) forgesante elvoki ekzemple la teruraĵojn faritajn je nia nomo en Irako aŭ en Afganio.

Rilate la rifuĝintojn, ili estas tre utilaj por diskonigi la barbarecon de la malamiko. Nur la fakto ke ili fuĝis estas "la pruvo" de lia perforta agadmaniero kaj la amaskomunikiloj de la adversa flanko ege reklamos pri tio. En la rusa-ukraina konflikto ili ĉie estis en la amaskomunikiloj ekde la komenco de la konflikto kaj estis uzataj por mobilizi la eŭropan loĝantaron pri ilia akcepto, kiel tio okazis en Francio kaj Britio por la belgaj rifuĝintoj dum la Unua Mondmilito.

Tamen la sesa principo de militopropagando asertas, ke la malamiko – kaj nur ĝi – ne respektas tiujn "leĝojn de la milito" kaj uzas strategiojn kaj armilojn "ne permesitajn".

6. La malamiko uzas malpermesitajn armilojn

Tiu principo estas kompletiga de la antaŭa.

Ni ne faras kruelaĵojn, sed ne nur, ni ankaŭ militas kavalirece kaj respektante – kvazaŭ temus pri ludo, certe vigla sed vireca! – la regulojn.

Tio kompreneble ne koncernas niajn malamikojn, kiuj rifuzas submetiĝi al tiuj...

Reale, la fino de la militoj povas dependi de la strategia perfekteco de la generaloj aŭ de la motivado kaj kuraĝo de la partoprenantoj, sed ankaŭ – ĉefe? – de la evidenta armilara supereco de unu el la du flankoj.

La gaŭloj, la indiĝenaj popoloj de Ameriko aŭ la hispanaj respublikistoj povis havi eminentajn militoĉefojn kaj esti pretaj por ĉiaj sinoferoj, sed ili estis venkitaj per la katapultoj, la ĉevaloj kaj la aviadiloj kontraŭ kiuj iliaj batalometodoj estis senefikaj.

Do, ofte el tiu teknologia supereco dependas la venko.

Por tiu kiu batalas vigle sed ne vidas la venkon decidiĝi siaflanke ĉar ĝi estas malfavorigita, ne posedanta novan armilon, forta estas la tento certigi ke ne estas lojale uzi ilin. Sammaniere, la persurpriza atako, prava kaj eĉ sinonimo de la perfekteco de nia strategio, kiam nia flanko praktikas ĝin, estas pruvo de malbraveco, se ĝi estas praktikita de niaj malamikoj.

Tiel, en lernejo, ni studis ke atakante Francion, sekvante Germanion, la 15-an de Junio 1940, Italio donis al ĝi "ponardobaton en la dorso", tute en la tradicio de sia proverba kovardeco. La operaco "Barbarossa" de Hitler kontraŭ Sovetio, la atako de Pearl Harbor de la japanoj, la milito de Jom Kippur kontraŭ Israelo, la turka ofensivo en Kipro aŭ la invado de Kuvajto de Saddam Hussein, estis prezentitaj al ni kiel samgrade mallojalajn agadojn surprizintajn nian sincerecon.

Aliflanke, kiam oni estas konvinkita respondeci pri multaj civilaj viktimoj ĉe la malamiko, ankoraŭ eblas imputi la eraron al la malamiko certigante ke ĝi uzas strategion nomitan "homa ŝildo", tio estas protekti siajn soldatojn malantaŭ civiluloj. Verŝajne estas la taktiko kiun uzis Usono, protektante siajn spionajn aviadilojn malantaŭ civila korea Boeing, kiu estis pafita de sovetianoj en 1983. Sed tiu taktiko estas abomena nur kiam temas pri niaj malamikoj...

Aliparte, ne estas nur per strategio sed ĉefe per uzataj armiloj, ke nia malamiko vidigas plej klare sian malkuraĝon. De klabo ĝis atombombo, pasante tra kanono kaj aŭtomata fusilo, ĉiuj armiloj estis laŭvice konsiderataj de la malamikoj kiel malindaj por vere kavalireca milito, ĉar ilia unuflanka uzo aŭtomate trudis malvenkon al ilia flanko.

Dum la Unua Mondmilito la polemiko ege vigliĝis pri la uzado de la mortigaj gasoj.

Ĉiu flanko akuzis la alian pri la komenco de ilia uzado. Ŝajnas sendube ke ja la germanoj unue regis ilian fabrikadon kaj uzis ilin. Sed la Aliancanoj esprimis hipokritan indignon rilate tiun uzon dum ili mem esploradis por la sama celo. Ĉu la uzado de la mortigaj gasoj estus aparte "barbara" kaj malhumana? La sorto de la "rompitaj vizaĝoj" (en la franca, les "gueules cassées"), viktimoj de aliaj armiloj, ne estis pli enviinda ol tiu de la gasvenenitaj soldatoj sed la gasoj ĝis la Dua Mondmilito restis la simbolo de "malhumana" milito.

La germanoj – kontraŭe al la Aliancanoj – fariĝis majstroj en la uzo de la submarŝipoj, kiuj estis konsiderataj kiel la prototipo de "malhonesta" armilo. La torpedado de *Lusitania* estis aparte ekspluatita kaj prezentita de la aliancana propagando kiel ago de barbara piratado.

La 17-an de Majo 1915, torpedo pafita de germana submarŝipo sinkigis tiun usonan pasaĝerŝipon, mortigante samokaze mil ducent civilajn pasaĝerojn. Kiel mi jam raportis antaŭe, *Lusitania* estis fakte migra armilejo. Ĝiaj holdoj superabundis je municioj, kaj ĝiaj senkulpaj pasaĝeroj estis uzitaj, nesciante, kiel alibio al tiu transporto, pri kiu inverse Germanio estis bone informita. Oni uzis ilin, laŭ moda vorto, kiel "homan ŝildon" por transporto de armiloj.

Tiu tragedio, kiel la mortigaj gasoj, tamen plu estigis grandan inkverŝadon post la milito kaj, en 1922, estis subskribita en Vaŝingtono traktato reglamentanta la uzadon de tiuj du armiloj per kiuj la germana armeo famiĝis[110].

La traktato, subskribita de Usono, Francio, Britio, Italio kaj Japanio, sed kompreneble ne de Germanio, *fiksis la regulojn adoptitajn de la civilizitaj nacioj* (tiel) *por la protektado de la neŭtraluloj kaj nebatalantoj*, kondamnas la uzon de mortigaj gasoj kaj precizigas ke submarŝipo povas detrui komercan ŝipon nur post la sekurigado de la pasaĝeroj kaj ŝipanaro.

En 1939, la franca registaro kaj tiu de la Unuiĝinta Reĝlando publikigis komunan deklaracion pri la temo de la humana milito kondukita per klasikaj armiloj. Ili asertis interalie sian intencon submeti sin al la protokolo de Genevo de 1925 malpermesanta okaze de milito uzi mortigajn aŭ toksajn gasojn kaj bakteriologiajn ilojn. Krome ili certigis ke ili uzos siajn submarŝipojn nur konformiĝante al la protokolo de 1936 akceptita de *preskaŭ ĉiuj civilizitaj nacioj*[111].

Sed, estas necese scii ke je la komenco de la Dua Mondmilito, Hitler mem firme asertis, ke li volas malaperigi la uzon de la armiloj kaj "nehumanaj" metodoj.

Li certigis, en sia parolado al la Reichstag (ŝtata parlamento) de la 1-a de Septembro 1939, ke la Aliancanoj malakceptis liajn proponojn faritajn tiucele: *Oni rifuzis provon pri limigo de armilaroj, forigo de iuj armiloj, eksigo de iuj militometodoj kiujn mi rigardis kiel neakordeblaj* *kun la rajto de la homoj. [...] Se oni **ekkomencas** [mi mem substrekas] la pergasan militon, ni reciprokos per la gasoj. Iu ajn kiu deturniĝas de humana militokondukto ne povas esperi nenion alian el nia flanko.*

Kiel oni scias, la sekretoj ne havas longan vivon rilate la armilarojn kaj la "novajn" armilojn ne longe restas tiel. Tiamaniere la gasoj, kiuj estis fobio de la civila loĝantaro inter la du militoj, ne estis uzitaj almenaŭ sur la okcidenta fronto[112] dum la Dua Mondmilito, sendube ĉar malfacile manipuleblaj kaj tro direktoŝanĝemaj.

Male, la temo de la submarŝipoj kiel "eksterleĝaj armiloj" estis ankoraŭ plurfoje uzita de prezidanto Roosevelt. La 20-an de Junio 1941 (Usono ankoraŭ ne oficiale militeniris), en mesaĝo al la Usona Kongreso, denuncis la torpedadon de usona vaporŝipo, *Robin Moor*, de germana submarŝipo. La usona nacieco de la ŝipo estis klare videbla kaj konata de la ŝipestro de la germana submarŝipo kaj la usona prezidanto pro tio konsideris tiun torpedadon kiel piratan agadon, kiel rompon de la milita juro. Kontraŭe al la preskribaĵoj de la internacia konvencio (kvankam Germanio ne subskribis ĝin), nenio estis farita por ŝirmi la pasaĝerojn kaj la ŝipanaron de tiu komerca ŝipo, kaj Franklin Roosevelt do komparis tion al terorisma ago[113].

Fakte inter la armiloj denuncitaj kiel "kontraŭleĝaj" kaj la militmetodoj nomitaj "nepravigeblaj", dum la Dua Mondmilito ankaŭ sin intersekvis la bombadoj de civilaj loĝantaroj, komencitaj dum la Unua Mondmilito kaj la enlanda hispana milito, la uzo de la "dumdumaj" kugloj, de V1 kaj V2, kaj evidente la eksperimentado kontraŭ civilaj loĝantaroj de la unuaj atombomboj[114].

Oni scias ke la germanaj kaj usonaj laboratorioj estis komencintaj vetkuron por obteni novan absolutan armilon, kiu definitive ebligos la militfinon.

La usona venko estigis, por longa tempo, inter la landoj ne posedantaj la nuklean armilon, la volon malpermesi ĝin. La posedantoj de la nuklea armilo rebatante siaflanke per la volo gardi ĝin por sia "klubo" kaj multigante la traktatojn pri "nedisvastigado".

Post la Dua Mondmilito, aliaj armiloj aperis, kiujn iuj nomis ankaŭ malpermesitaj armiloj. Dum la Korea Milito, la komunistoj akuzis la usonanojn uzi bakteriologiajn armilojn.

Tiu akuzo reaperis en 2000 en *Le Vif-L'Express* (la 22-an de Oktobro 2000) kiu certigas ke la rusoj uzas ilin kontraŭ la ĉeĉenoj, kaj en *Paris Match* (la 20-an de Julio), kiu akuzis *dek sep landojn de Ĉinio ĝis Libio, inkluzive Nordan Koreion kaj Iranon*, kvazaŭ hazarde, serio de landoj kiuj, pro tre diversaj motivoj, estas ribelemaj kontraŭ la usona ordo.

La deputito de RPR (franca partio, "Rassemblement pour la République", Kunigo por la Respubliko) Pierre Lellouche, aŭtoro de la artikolo, komisiito de la Komisiono por Defendo de Nacia Franca Asembleo, iris por "enketo" en Rusio pri la bakteriologia kaj kemia milito, kun la deputito de PS (Franca socialista partio) Guy-Michel Chauveau.

Li konfesis en *Paris Match*, ke li revenis malsukcesinta.

Li nenion povis vidi sed li tamen certigis, ke post "klasika" terorismo *venos bioterorismo de la jaroj 2000-aj, kies farontoj, agantaj laŭ religiaj kredoj apokalipsemaj aŭ laŭ paranojaj fantasmoj, ne hezitos estigi la plej katastrofan apokalipson*[115]. *Fakte, Rusio, ĉefa produktejo sur nia planedo de tiuj biologiaj armiloj, ĝis nun estas ilia komplico.*

En tiu sama artikolo, la deputito de RPR kvazaŭ diris, ke estas la laboratorioj de Saddam Hussein, kiuj okazigis dum la somero 1995 "la febron de Nilo", kiu mortigis 4 homojn kaj infektis 33 aliajn en Novjorko...

La akuzo pri uzo de "kemiaj armiloj" estis ankaŭ instigita en Aŭgusto 1999 kontraŭ Jugoslavio.

En Junio 1999, la jugoslavoj akuzis NATO-on pri uzado, dum la milito kontraŭ Jugoslavio, de bomboj kun malriĉigita uranio, kies homaj kaj ekologiaj damaĝoj estas ankoraŭ malbone konataj. Tiu uzado ŝajnas hodiaŭ pruvita, kaj la malutilaj sekvoj de la uzo de malriĉigita uranio trafis ankaŭ la NATO-soldatojn, kiuj faligis ĝin sur

Jugoslavion. Ili ankaŭ akuzis NATO-on pri la mortigo de cent kvindek civiluloj per la uzo de fragmentigaj bomboj, pri kiuj la Internacia Komitato de la Ruĝa Kruco postulis moratorion.

En 1999, dum la milito, tiuj informoj estis, malgraŭ multaj blokadoj, reproduktitaj en la okcidentaj amaskomunikiloj, sed kelkajn semajnojn poste ili estis sekvitaj de la akuzo laŭ kiu ankaŭ jugoslavoj uzis ne nur "honestajn armilojn" sed ankaŭ biologiajn armilojn en Kosovo.

Human Rights Watch konfirmis poste, ke NATO efektive uzis fragmentigajn bombojn[116]. NATO konfirmis ankaŭ, en Marto 2000, ke ĝi uzis tridek mil unu obusojn kun malriĉigita uranio dum la milito kontraŭ Jugoslavio sed memorigis, ke tia armilo, suspektita okazigi malformaĵojn ĉe la naskontaj infanoj, mortojn kaj sterilecajn problemojn, tiam ne estis malpermesita de iu internacia konvencio[117].

Aliparte, mi memoras ke dum mia restado en Jugoslavio en Majo 1999, serbaj junuloj montris siajn pugnojn al la aviadiloj de NATO, kiuj venis por ilin bombi. *Se vi estas viro, venu ĉi tien por batali kun mi*, kriis al la piloto tiuj junuloj. Ili estimis kompreneble malmulte "vira" aŭ "kavalireca" batali kun tiom da malegalaj rimedoj. La "kavaliroj de la ĉielo", stirantaj siajn bombaviadilojn malfacile vundeblajn, ŝajnis al li malkuraĝuloj.

Efektive, kiamaniere oni povus vidi en tiuj bombadoj "belan" duopan batalon, honorduelon, kiam la ŝanco mortigi la alian estas dek mil kontraŭ unu?

Oni povus retaksi per tiu subtila kaj ofte hipokrita distingo, inter "permesitaj" armiloj aŭ ne la kampanjoj kontraŭ la kontraŭpersonaj minoj.

La 21-an de Julio 2000, la reĝa belga familio, kiel subteno al la kampanjo de Handicap International kontraŭ kontraŭpersonaj minoj, montriĝis, dum armea defilo, kun bluaj laĉoj alkroĉitaj unu al sia sabro, alia al sia florbukedo, alia al sia jako de tajlorkostumo.

Subtenante tiun iniciativon la ministro pri Defendo kaj la paraŝut-istoj ankaŭ portis ĝin.

Ĉu oni devas memorigi rilate tion ke la landoj kiuj kampanjas kontraŭ la kontraŭpersonaj minoj kaj indignas pri ili estas tiuj kiuj, kiel Belgio, havos malmultajn okazojn uzi ilin?

Male, la egaj produktistoj neniel sin devontigis en tiuj kampanjoj. La kontraŭpersonaj minoj estis regule uzitaj en la freŝdataj militaj konfliktoj.

Usono, – kiu povus uzi kontraŭpersonajn minojn, interalie kontraŭ geriloj – aŭ Finnlando, – kiu ankaŭ povus uzi ilin kontraŭ eventu-ala rusa invado – rifuzas sin devontigi al neuzo, same kiel Rusio, Ĉinio, Hindio.

Ankoraŭfoje "la armilo de la kovarduloj" estas tiu, kiun ni ne uzas (aŭ kiun ne povas uzi)...

Dum la milito kontraŭ Afganio, tiu armilo denuncita kiel malper-mesita estis tiu de la terorismo. Ĉu oni devas memorigi ke la vorto perdis sian signifon ekde la momento kiam ĝi nomas simple la per-forton kiun ni malaprobas?

La afganoj estas konsiderataj kiel kolektive respondecaj de la atenco kontraŭ la W.T.C. (*World Trade Center*, la novjorka Mondkomerca Centro) farita laŭ "malhumana" maniero. Do, laŭ tiu rezono, estus konvenaj aŭ humanaj manieroj mortigi sian proksimulon kiujn la afganoj ne aplikis.

La ĉefa preteksto por la dua milito de Usono kontraŭ Irako estis ke Bagdado estis provanta sekrete restarigi sian nuklean potencon. Ĉar la inspektistoj komisiitaj en Irako en 2003 nenion suspektan trovis, Vaŝingtono kaj Londono prezentis dokumenton laŭ kiu Irako provis aĉeti riĉigitan uranion de Niĝero. Se tiu provo estus pruvita, ĝi estus elmontrado de kulpo, ĉar la unika intereso de tiu aĉeto povus esti nur nuklea programo. Sed kiam la IAEO (Internacia Atomenergia

Organizo) finfine obtenis "pruvojn", ĝi povis rapide provi ke temis pri falsaĵoj[118].

Tamen, tuj je la komenco de la dua Golfa milito, Irako denove estis akuzita posedi malpermesitajn armilojn kaj oni anoncis ke usona taĉmento malkovris fabrikon de kemiaj armiloj. "Informo" poste malkonfirmita[119].

Ankaŭ Bin Laden, en 2003, estis akuzita pri la aĉeto en eks-Sovetunio de "nuklea valizo" per kiu li preparis sin al la plej malbona uzo kontraŭ usonaj celoj[120].

La nocio pri la amasdetruaj armiloj estas, necesas interalie tion precizigi, nocio ege neklara kiu subkomprenigas ke estas militoj dum kiuj oni ne provas amase mortigi siajn malamikojn sed mortigi ilin sporade! La unua celo de tiu speco de armiloj laŭŝajne estas forigi ĉian kritikemon, ĉar nenia objektiva rilato ekzistas inter la armiloj biologiaj, kemiaj kaj nukleaj, kiujn enhavas tiu kategorio.

La esprimoj armiloj "kemiaj" kaj "biologiaj" cetere ne estas pli evidentaj. Ili havas kiel celon estigi reagon de timo kaj hororo, sed usonanoj kaj sovetianoj longe posedis (kaj eksperimentis) la tutan panoplion de mortigaj agantoj uzeblaj dum milito: toksaj gasoj, senfoliigiloj (la fama "Agent Orange": Oranĝa aganto), neŭrotoksaj, binaraj municioj, strebantaj mikroboj, stamoj ege rezistantaj al la antibiotikoj kaj al la vakcinoj[121].

Oni memoras ke en Oktobro 2002 Usono estis la viktimo de psikozo pri antrakso, malsano kies bacilo estis "malnoble" disdonita per poŝto destinata al eminentuloj de la politikistaro kaj de la amaskomunikiloj. Kaŭzo de kvin mortoj, la difuzo de antrakso estis imputita al la terorista reto Al-Kaida. La genetika spuro de la bacilo ebligis de post tiu periodo malkovri ke ĝi fakte venis de la usonaj spertuloj pri biolologiaj armiloj mem[122], sed la fantasmo pri la enkonduko de la malamiko de tiuj armiloj daŭre estas en Usono profitofonto por la vendistoj al privatuloj de la *Urban Survival Kits*[123].

La eventualaj "amasdetruaj armiloj" posedataj de Irako estis la unua alibio de la milito de printempo 2003. Kronologio de la deklaroj rilate la irakajn amasdetruajn armilojn ŝajnas al mi interesa. En Aŭgusto 2002, Dick Cheney, referencante al la spionadaj servoj, certigis ke la irakanoj alvenas je la fino de sia atoma programo. La 24-an de Septembro 2002, Tony Blair certigis al la britaj parlamentanoj ke la irakanoj kapablas uzi "en 45 minutoj" siajn amasdetruajn armilojn.

En Novembro 2002, David Rumsfeld certigis havi la pruvojn, ke Irako protektas la terorismon kaj ke Bin Laden rifuĝis tie.

La 28-an de Januaro 2003, Georges W. Bush, en sia parolado pri la stato de la Unio, asertis ke Irako provis havigi uranion en Afriko por sia nuklea programo. Aserto, kiu riveliĝis falsa, kiel ni vidis antaŭe, kaj kiun *The New Yorker*, ekde la 24-an de Marto 2003, konsideris bazita sur dokumentoj faritaj de spertuloj de la brita kontraŭspionado (M16) kaj transdonitaj de la CIA por la propagando kontraŭ Irako.

La 5-an de Februaro 2003, la ŝtatsekretario, Colin Powell, antaŭ la Konsilio pri Sekureco de Unuiĝintaj Nacioj, prezentis abundan dokumentaron pri la irakaj amasdetruaj armiloj: moveblaj laboratorioj, misiloj kun kemiaj ogivoj, neŭrologiaj gasoj... Riveliĝis ke tiu abunda "dosiero" pri la iraka armilaro estis kopio – kun ĝiaj ortografiaj eraroj – de studenta verko farita dek jarojn antaŭe!

La 17-an de Marto, Georges W. Bush, en sia parolado al la nacio, certigis, ke Irako daŭre "kaŝas la plej mortigajn armilojn iam inventitajn", kaj tio donis al Usono la rajton frapi antaŭ ol la malamiko tion faros.

Sed ĉiuj tiuj "pruvoj" malŝveliĝis kiel baŭdruĉo ekde la fino de Marto. La dokumentoj pri la aĉetadoj de riĉigita uranio de Niĝero estis falsaj, la amasdetruaj armiloj ne troveblaj. En Aprilo, usonaj oficiroj sciigis ke ili trovis 278 artileriajn ogivojn entenantaj kemian aganton, sed kelkajn horojn poste la ogivoj iĝis nur kvin bareloj kaj la oficiroj konfesis ke ili eraris[124]. La maltrankviligaj cilindroj, kiujn la vicprezidanto Dick Cheney svingis kiel pruvojn de la iraka minaco estis analizitaj de spertuloj de la ministerio pri Energio kiu konkludis ke ili estas sendanĝeraj tuboj el aluminio sen strategia intereso.

La persatelitaj fotoj, supozitaj prezenti aktivoplenan irakan fabrikon de armilaro, ne estis pli signifaj. Generalo James Conway, ĉefo de la Marinfanteria Korpuso devis konfesi ke li nur lokalizis kelkajn barelojn de sterko kaj du remorkkamionojn anstataŭ "centoj da tunoj de biokemiaj agantoj" kaj la "moveblaj laboratorioj" elvokitaj de Colin Powell.

La 2-an de Julio, Alastair Campbell, direktoro pri la komunikado de la brita ĉefministro Tony Blair agnoskis ke li faris ŝanĝojn al la dosiero de la supozitaj amasdetruaj armiloj de Irako[125].

Ses monatojn post la bruegaj deklaroj pri la tujvenanta danĝero de amasdetruaj armiloj, ĉiuj "pruvoj" aperis pravigitaj per falsaj dokumentoj falsitaj, reskribitaj aŭ malĝustaj. Neniu spuro de kemiaj aŭ biologiaj armiloj de iu ajn speco estis malkovrita en Irako, malgraŭ la jaroj da okupado. Tamen mil kvarcent usonanoj kaj britoj detale ekzamenis ĉiujn lokojn konsideratajn kiel problemajn kaj ĉiuj deklaroj pri malkovroj de kompromitaj objektoj riveliĝis kiel falsaj vojoj. La aluminiaj tuboj, aĉetitaj de Irako al Ĉinio, kaj aliaparte suspektitaj, ne estis pruvoj de nukleaj armiloj sed iraka provo kopii italajn raketojn.

Do, tiu principo de militpropagando estis treege uzita kaj efika por mobilizi la publikan opinion favore al milito de "antaŭgarda defendo" kontraŭ Irako. Ĝi estis la ĉefa pravigo de la milito. Kaj kiam montriĝis ke la amasdetruaj armiloj estis nur trompigilo, mensogo kaj okultrompo, la militaj operacoj estis finitaj kaj la publika opinio "direktita" al aliaj temoj.

La kontraŭĉina propagando uzas la samajn principojn. Dum la epidemio de KOVIM-19, la usona prezidanto Donald Trump ne hezitis regule uzi tiajn manipuladojn, prezentante Ĉinion kiel respondecan pri la viruso. Dum interveno en la Ĝenerala Asembleo de Unuiĝintaj

Nacioj en Septembro 2020, li deklaris, ke U.N. devas konsideri Ĉinion kiel respondecan de ĝiaj agadoj ĉar "ĝi ellasis tiun plagon tra la tuta mondo". Plurfoje Trump parolis pri "ĉina viruso" kaj akuzis Ĉinion infekti la mondon[126].

Oni ne forgesu ankaŭ fari subtilan distingon inter la soldatoj aŭtoktonaj aŭ importitaj batalantaj en nia flanko aŭ en la malamika flanko. Laŭ klasika maniero, oni konsideras ke ne estas rajte "importi" batalantojn, sed se ili plifortigas la malamikan armeon oni parolas pri solduloj aŭ pri volontuloj se temas pri eksterlandanoj, kiuj aniĝis al niaj trupoj.

Kaj se la adversuloj luktas fervorege, ni tuj akuzas ilin drogi la soldatojn antaŭ ol sendi ilin al la fronto. Reale, por lukti kontraŭ la lacigo, la malsato, la doloro kaj plibonigi la kapablecojn de la batalantoj, ĉiuj armeoj uzas de longe "drogojn", ĉu amfetaminojn, ĉu alkoholon aŭ aliajn narkotaĵojn.

7. Ni suferas malmulte da pereoj, tiuj de la malamiko estas egaj.

Krom maloftaj esceptoj, homoj ĝenerale pli ŝatas aliĝi al venkaj kaŭzoj.

Dum milito, la aliĝo de la publika opinio konsekvence dependas de ŝajnaj rezultoj de la konflikto.

Se tiuj rezultoj ne estas bonaj, la propagando devas kaŝi niajn pereojn kaj troigi tiujn de la malamiko.

La milito de 1914-1918 estis – jam – milito de komunikaĵoj aŭ kelkfoje de manko de komunikaĵoj.

Tiel, unu monaton post la komenco de la operacoj, la francaj pereoj jam nombris pli-malpli 313 000 mortigitojn.

Sed la franca stabo, kiu neniam konfesis pereon de unu ĉevalo, ne publikigis (kontraŭe al la angloj kaj germanoj) la nomliston de la mortintoj.

Sendube por ne subfosi la spiritostaton de la trupoj kaj de la ariero, kiujn la sciigo de tiu hekatombo eble instigus peti akcepteblan pacon anstataŭ daŭrigo de la milito.

La franca gazetaro ekspluatis la germanajn pereojn sed neniam parolis pri siaj.

La 22-an de Aprilo 1917 (post ofensiva operaco por rompi la germanajn liniojn, pri kiu oni povas taksi ke dum kelkaj horoj la francaj pereoj nombris pli ol cent mil mortigitojn kaj vunditojn), dum la franca deputito Raffin-Dugens demandis al sia registaro la staton de la francaj pereoj, la Ĉambro interrompis lian parolon antaŭ ol li povu fini sian frazon[127]. Se oni konsultas ĉu la francajn ĉu la germanajn fontojn, la rezulto de iuj bataloj ŝajnas favoraj al iuj aŭ al la aliaj. Tiel Verdun estas prezentita de ĉiu flanko kiel propra granda venko. La germanoj konsideris, ke estas granda sukceso ĉar ili kaptis multajn francajn soldatojn kaj prenis egajn kvantojn da milita materialo. La Kronprinco ordenis la venkintojn de Verdun. Sed la francoj ankaŭ depostulis Verdun kiel sia venko kaj *Le Petit Larousse* (franca plej vendita vortaro), inter la du militoj, eĉ skribis pri tiu batalo: *En 1916, dum dek monatoj, la francoj tie forpuŝis ĉiujn atakojn de la germanoj kiujn ili amasmortigis kaj ilia rezistado dum la ofensivaj kaj defensivaj bataloj mirigis la tutan mondon* [tiel].

Rilate la nekontesteblajn malvenkojn, ili estis nepre prisilentigaj. Tiel, dum la Unua Mondmilito oni neniam parolis ĉe la Aliancanoj pri la batalo de Charleroi, pri la preno de Maubeuge, pri la granda ofensivo de 1917 kaj des malpli pri la batalo de Tannenberg en Aŭgusto 1917. Laŭ la "spertuloj" tiu germana venko kontraŭ la rusoj estis unu el la bataloj la plej notindaj ĉiutempe. Tie la venko de la germanoj estis tiom kompleta ke ĝi forpelis la rusojn ekster Germanio por la tuta milito. Tamen la franca gazetaro ŝajnigis nescii pri la rezulto de la batalo kaj afektis daŭre kredi al la tuja alveno de la kozakoj en Berlino[128].

Se la optimismo rilate la homajn pereojn estas postulata, same ankaŭ rilate la financan vidpunkton: estas necese ke la milito ŝajnu kosti nek sangon nek monon. Tiel oni ne aludu la financan abismon, kiun estigos neeviteble milita konflikto sed prefere la ekonomiajn avantaĝojn, kiujn tiu estigos por la lando: post la konflikto, la ekonomiaj rezultoj ege kreskos, la lando retrovos pli da vigleco kaj prospero, la malamiko devos pagi...

Resume, anstataŭ malplenigi la poŝojn de la batalantoj per militaj elspezoj, la soldoj, la rentumoj de la pruntaĵoj, la rekonstruado, la pensioj de la invalidoj, de la vidvinoj, de la orfoj..., la milito plenigus ilin mirakle.

Tiuj principoj estis evidente ankoraŭ uzitaj en la sekvantaj konfliktoj. Dum la Dua Mondmilito, oni vidis ekzemple la naziojn nei longtempe la grandegan kvanton de siaj pereoj kaj sian retroiron ĉe la orienta fronto. Dum la milito en Vjetnamio, Usono longtempe konservis la sekreton pri siaj pereoj.

Je la epoko de la televidoj per satelitoj, kiam ŝajnas malfacile tute silenti pri granda malvenko, la amplekso de tiu ĉi povas tamen esti malgravigita de amaskomunikiloj preskaŭ ĉiuj unuanimaj por publikigi la oficialan version. Dum la milito de NATO kontraŭ Jugoslavio, por pravigi la neceson de la bombadoj de 1999, NATO regule anoncis la detruon de tankoj de la jugoslavia armeo. Tiel, je la fino de la bombadoj la detruitaj tankoj estis entute 120.

Tamen raporto de Pentagono, mendita en Junio 1999 de generalo Clark mem al la Usona aerarmeo, taksis je 14, anstataŭ 120, la nombron de detruitaj jugoslaviaj tankoj, tio estas malpli ol 6 procentoj de ĉiuj tiuj pezaj armiloj de Jugoslavio[129]. La brita aerarmero (RAF), krom tio, konfesis, en Septembro 2000, ke nur 40 procentoj de la municioj aviadile ĵetitaj sur Jugoslavion atingis siajn celojn. Neniu el la misiloj "Alarm" pafitaj kontraŭ la radaroj donis kontentigon kaj RAF pravigis *aposteriore* siajn malsukcesojn pro la moviĝemo kaj la disigo de la celoj kaj pro la efikeco de la serba kontraŭaviadila defendo, kiu neniam permesis sufiĉe descendi[130].

Kontraŭdire, la gazetaro kaj la jugoslaviaj publikaĵoj montris la foton de la tri nuraj usonaj soldatoj kaptitaj je la komenco de la konflikto, permesante al la leganto imagi ke estis ja multaj aliaj. La jugoslavia ĉefstabo asertis, je la fino de la bombadoj, ke la tuta bilanco de pereoj de NATO nombris dekojn da aviadiloj, helikopteroj kaj spavoj, kaj centojn da misiloj Cruise[131].

En la du flankoj, tiuj informoj rekuraĝigis la batalantojn kaj persvadis la publikan opinion pri la neceso de la konflikto.

Tiu sepa principo de milita propagando devas kuraĝigi la batal-
antojn kaj persvadi ilin ke nia teknologia supereco estas tiom efika
ke la konflikto – niaflanke kompreneble – rezultos per nul mortigito.

Laŭ la sama vidpunkto, konvenas sciigi tuj post la komenco de la
operacoj, ke la malamikoj amase kapitulacas.

En la konfliktoj de Afganio kaj Irako, la malekvilibro de la arm-
ilaroj estis evidenta. Tiuj du malgrandaj landoj ne povis serioze
kredi ke ili venkos dum klasika milito la plej grandan potencon en la
mondo. Tamen, tiu principo estis uzita en la militoj kontraŭ Afganio
kaj Irako, anoncante tro frue amasajn kapitulacojn[132]. La 22-an de
Marto 2003, kelkajn dekojn da horoj post la ekesto de la invado de
Irako, la Pentagono-estroj cititaj de la informoficejo France-Presse
sciigis, ke ok mil soldatoj apartenantaj al la 51-a iraka divizio sin sub-
metis al la Usona Marinfanteria Korpuso, ie sude en la lando. Tiu
informo republikigita en la tuta mondo ne riveliĝis ĝusta sed mal-
multaj informiloj bonvolis ĝin korekti per la sama graveco[133].

La "skandalo" estigita en Okcidento per la prezentado en Irako
de mortigitoj kaj kaptitoj de la "koalicio" estis la korolario de tiu
principo. En la iraka flanko ankaŭ estis necese kredigi al la publika
opinio ke la pereoj de la malamiko estis egaj kaj tial montri la kor-
pojn de pafmortigitaj usonanoj.

La liberigo aparte enscenigita de la soldatino Jessica Lynch kapt-
ita de la irakanoj povis ankaŭ, laŭ usona vidpunkto, kompreniĝi
en tiu kadro, ĉar temis pri pravigi al la usona publiko, ke usonanoj
neniam restis longe en la manoj de la malamiko.

Ĝis la falo de Bagdado, en la iraka flanko, oni paralele neis laŭ
absurda maniero la irakajn soldatopereojn kaj pli alte taksis la uson-
ajn pereojn.

Fine, de post la oficiala fino de la militaj operacoj, la okcidentanoj
estis tiuj, kiuj provis minimume taksi siajn pereojn kaj evitis paroli
pri iraka rezisto aŭ pri kontraŭantoj al la okupado, por imputi la
atencojn, kiuj kostis la vivon al multaj soldatoj de la okupadotrupoj,

al poŝoj de sopirantoj al Saddam Hussein, kiuj baldaŭ estos "mal-plenigitaj".

Ekde la komenco de la konflikto inter Rusio kaj Ukrainio, la okcidenta gazetaro tuj prezentis la rusan armeon kvazaŭ ĝi estas en malfacila situacio, stagnanta, kun gravaj pereoj. La eksiĝoj kaj dizertoj laŭdire estis masivaj. La franca gazeto *Sud-Ouest* titolis la 29-an de Marto 2022: "Milito en Ukrainio: la generaloj mortigitaj, simboloj de tre gravaj rusaj pereoj" kaj poste oni povis legi: *La amplekso de la rusaj pereoj en Ukrainio, eĉ se la ciferoj estas nekontroleblaj, atingis evidente gravajn proporciojn, kiel atestas fenomeno konstatita ekde la unuaj tagoj de la konflikto: la morto de multaj generaloj kaj superaj oficiroj.*

En Aŭgusto 2022, la rakonto de la rusa dizertinto Pavel Filatiev estis large publikigita en la tuta okcidenta gazetaro[134].

Por ke la propagando bone atingu la publikon, estas preferinde kunigi ĉirkaŭ si "profesiulojn", kiuj ĝin arangôs plej efike. Tio estas la senco de la oka principo de la militpropagando.

8. La artistoj kaj intelektuloj subtenas nian kaŭzon

La propagando, kiel ĉia formo de reklamo, baziĝas sur emocio. Ĝi estas levilo konstante uzata por mobilizi la publikan opinion kaj oni povas eĉ diri, ke propagando kaj emocio estas, de ĉiam, samsubstancaj.

Sed por krei emocion, oni ne povas fidi ŝtatoficistojn. Estas necese sin direkti ĉu al profesiuloj pri reklamo – tion faris la kuvajta prem-grupo turninte sin al la agentejo Hill and Knowtown, kiu ellaboris la kortuŝan historion de la beboj eltiritaj de irakaj soldatoj el siaj koviloj – ĉu direkti sin al artistoj kaj intelektuloj, profesie trejnitaj por krei emocion.

Dum la Unua Mondmilito, ĉar la reklamagentejoj estis nur embriaj, la dua metodo estis larĝe uzita. La artistoj kaj intelektuloj de la du flankoj estis abunde utiligitaj por subteni la strebadon por la mobilizado de la mensoj. La talento de poetoj kaj verkistoj estis nepre necesa por publikigi, laŭ kortuŝa formo, la militomensogojn.

Pierre Loti, mararmea oficiro, fama verkisto kaj membro de la Franca Akademio, partoprenis en tiu milita strebado priskribante laŭ insulta maniero la germanajn kaptitojn, kiuj laŭ li aspektis kiel *kruduloj, kun intensa malbeleco, stultaj kaj nekuraceblaj*[135].

La plej konsternaj "juveloj[136]" de la propagando estis skribitaj de beletristoj, kelkfoje famaj, alifoje anonimaj kiel la verkisto de tiu "Preĝo de knabino kun la manoj tranĉitaj", kiu estis publik-igita en *La semaine religieuse de l'Ille-et-Vilaine* (La religia semajno de Ille-et-Vilaine) en Februaro 1915. Ses-jaraĝa knabineto, genuinta kaj preĝanta en hospitalo de la departemento Nordo, kun la brakoj vinditaj per pansaĵoj, parolas mallaŭte: *Sinjoro, mi ne plu havas manojn.*

Kruela germana soldato forprenis ilin, dirante ke la belgaj kaj francaj infanoj ne rajtas havi manojn, ke tiu rajto apartenas nur al la infanoj de la germanoj. Kaj li tranĉis ilin. Kaj pro tio mi ege suferis. Sed la soldato ridis, dirante ke la infanoj, kiuj ne estas germanaj, ne kapablas suferi. De post tiu tago, Sinjoro Dio, panjo frenezas kaj mi estas sola. Paĉjo estis kunportita de la germanaj soldatoj, la unuan tagon. Neniam li skribis al mi. Verŝajne li estis pafmortigita [...][137].

Alia brita konsterna versio de la "Knabineto kun la manoj tranĉitaj", rivalanta pri naivegeco kun la preĝo, kiun ni ĵus citis, sed atestanta evidentan naturan literaturan kapablecon, estis publikigita en *Sunday Chronicle: Antaŭ kelkaj tagoj helpema damo vizitis en Parizo konstruaĵon, kie ekde kelkaj monatoj gastas iom da belgaj rifuĝintoj. Dum la vizito ŝi ekvidis infanon, dekjaraĝan knabinon, kiu, kvankam estis sufiĉe varme en la ĉambro, tenis siajn manojn en eta mufo tre eluzita. Subite la infano diris al sia patrino:*

– Panjo, ĉu vi bonvolas mungi min?

– Shocking, diris la helpema damo duone ridanta kaj duone riproĉanta, jen granda knabino kiu ne scias per si mem uzi sian naztukon.

La infano silentis kaj la patrino diris laŭ banala tono, kiel se temas pri io tute natura:

– Ŝi ne plu havas manojn, sinjorino.

La damo rigardis, tremetis kaj komprenis.

Ĉu eblas, ŝi demandis, ke la germanoj...

La patrino ekploregis. Tio estis ŝia respondo[138].

Poetoj inspiriĝis de la temo. La fama belga poeto Émile Verhaeren skribis poemarojn, en kiuj li dediĉis grandan parton al militpropagando. En tiuj li mokis kriplaĵon de la Kaiser[139], prezentis lin kiel malsinceran puritanon, kiu bruligas Remson* dum li ploras pri Loveno. Unu el la poemoj de Émile Verhaeren titoliĝas "Germanio, ekstermanto de rasoj[140]", kal li skribis aliparte:

---

*   Reims: urbo en nordorienta Francio.

Et quand ils rencontraient quelque Teuton frappé
Par une balle adroite, au bord d'un chemin proche,
Souvent ils découvraient, dans le creux de ses poches,
Avec des colliers d'or et des satins fripés,
Deux petits pieds d'enfant atrocement coupés[141].
(Laŭvorta traduko)
Kaj kiam ili renkontis iun teŭtonon frapitan
Per lerta kuglo, borde de proksima vojeto,
Ofte ili malkovris, fonde de liaj poŝoj,
Kun oraj kolieroj kaj satenaĵoj ĉifitaj,
Du etajn piedojn de infano kruelege tranĉitajn.

La mensogo de la belgaj infanetoj kun la manoj tranĉitaj tiom influis la imagon, ke poeto de Liverpolo, en poemaro titolita *Miksitaj kantoj* skribis ankaŭ en 1928 en "patriota" poemo:
They stemmed in first mad onrush
Of the cultured German Hun,
Who'd outraged every female Belgian
And maimed every mother's son.
(Laŭvorta traduko):
Ili repuŝis la unuan sovaĝan impetegon
De la "kulturita" germana Huno,
Kiu seksatencis ĉiun belgan virinon
Kaj kripligis la filon de ĉiu patrino[142].
Ankaŭ pentristoj kaj karikaturistoj metis sian arton je la dispono de la propagando.

En Belgio, Alfred Ost, Ernest Wante, Louis Ramaekers, Louis-Charles Crespin kaj Albert Besnard, inter aliaj, prezentis per kortuŝaj bildoj la rifuĝantojn fuĝantaj la hordojn de "*boches*" (insulta vorto por moki la germanojn), la pastron retrovantan sian preĝejon detruita de la "hunoj", la belgajn reĝojn prezentiĝantajn antaŭ la Kristo ĉe la kapo de ĉiuj katolikaj reĝoj el ĉiuj epokoj[143]...

En Francio, karikaturistoj kelkfoje famaj (Roubille, Willette, Huard, Herman-Paul) kunlaboris al la propagando. Tiel Poulbot desegnis knabineton genuintan antaŭ la tombo... de sia propra mano[144]! Matisse kaj Monet ankaŭ subskribis la *Manifeston de la 100*, patriotan kaj kontraŭgermanan.

Eĉ muzikistoj mobilizis sin. Camille Saint-Saëns subskribis tiun saman *Manifeston* kaj Debussy komponis iun *Kristnaskon de la infanoj kiuj ne plu havas domon*, kies paroloj certigas: *Ili bruligis la preĝejon kaj sinjoron Jesuo-Kristo, kaj la malfeliĉan maljunulon kiu ne povis foriri*[145].

En la germana flanko la arta kaj intelektula mobilizado estis kompreneble paralela.

Je la komenco de Oktobro 1914 estis publikigita en *Berliner Tageblatt* la "Alvoko al la civilizita mondo" subskribita de 93 el la plej famaj nomoj de la germana intelektularo, tial ĝia nomo estas *Manifesto de la 93*. Ĝi estis publikigita la 13-an de Oktobro franclingve en la ĵurnalo *Le Temps*.

Kiel reprezentantoj de la germanaj scienco kaj arto, ili asertis reagi kontraŭ la mensogoj kaj kalumnioj de la Aliancanoj. Tiu Manifesto estas des pli interesa, ke ĝi disvolvis preskaŭ ĉiujn principojn, kiujn ni priskribas en tiu ĉi verko. Vilhelmo la 2-a faris ĉion, kio eblas dum sia dudekses-jara regado, por eviti la militojn kaj li estis plena de *neŝancelebla amo por paco*. La milito estis **trudita** al Germanio. Ĝi ne malobservis la belgan neŭtralecon sed reagis al la *atako kondukita de tri grandaj potencoj embuske*. Ili firme intencis malobservi la belgan neŭtralecon, Germanio nur *anticipis*. La germanaj soldatoj faris neniun kruelaĵon. Ili neniam *atencis al la vivo aŭ al la posedaĵoj de ununura belga civitano, sen esti devigitaj de la malagrabla nepra devo de legitima defendo*.

Male, la belgaj civiluloj, laŭ la Manifesto, estis perfide pafintaj kontraŭ la germanaj soldatoj, la belga loĝantaro *kripligis vunditojn kaj tranĉis la gorĝon al kuracistoj kiuj praktikis sian helpeman profesion*. Kvankam atakitaj en Loveno de kaŝpafistoj, la germanaj soldatoj ĉion faris por ke la urbo restu ne difektita. Rilate la urbodomon, *endanĝerigintaj sian vivon, niaj soldatoj* (germanaj) *protektis ĝin kontraŭ la flamoj.* Dum la germana armeo respektis la militajn leĝojn kaj la homajn rajtojn, la Aliancanoj uzis okcidente kuglojn "dum-dum", kiuj ŝiris la brustojn de niaj bravaj soldatoj, kaj oriente ili amasbuĉis virinojn kaj infanojn.

Fine, la manifesto asertis, ke Germanio estas civilizita popolo, vera protektanto de la eŭropa civilizacio, male al *angloj-francoj*, kiuj sin aliancas kun la serboj kaj la rusoj kaj instigas *mongolojn kaj nigrulojn kontraŭ la blanka raso.*

Posteuloj de Goethe, Beethoven kaj Kant, la subskribantoj de la Manifesto – inter kiuj oni povas interalie distingi la Nobelpremiiton kaj filologon von Willamovitz, la fizikiston (kaj venontan Nobel-premiiton) Max Planck, la historiiston G. von Harnack kaj multajn instruistojn pri katolika teologio – deklaris sin solidaraj de la germana popolo kaj de la germana armeo, kiu protektis la kulturon de sia lando, *endanĝerigita de nenio alia ol invadoj, kiuj regule okazadis de jarcento al jarcento.*

Al tiu *Manifesto de la 93* kiel subteno al la germana kaŭzo aŭ "Alvoko al la civilizita mondo" respondis multnombraj peticioj de subteno al la Aliancanoj, subskribitaj ankaŭ de la plej famaj nomoj en scienco, universitato, verkistaro kaj arto. La angla rebato okazis ekde Oktobro 1914[146], kaj la rusaj intelektuloj samtempe respondis[147]. En Novembro 1914, la Akademio de Sciencoj de Portugalio siavice akre mallaŭdis la 93 germanajn intelektulojn. Okazis ankaŭ patriotaj kredkonfesoj el hispanaj intelektuloj kaj artistoj (Miguel de Unamuno kaj Manuel de Falla interalie), usonaj, argentinaj kaj kompreneble francaj.

La francaj intelektuloj, kiuj, dek kvin jarojn antaŭe, en la Dreyfus afero, kreis tiel dirite la modelon de intelektulo engaĝita favore al justeco kaj juro, kun la devo impeti svingante sian plumon, kiam tiuj valoroj estas minacataj, aniĝis kun la sama entuziasmo al la subteno por la milito[148].

La *Manifesto de la Cent* estis sekva respondo al la *Manifesto de la 93*, instigita de la Akademio de Surskriboj kaj Beletro de Francio, kun la subtitolo *La germanoj detruantoj de katedraloj kaj pasintaj trezoroj*[149]. Inter la subskribantoj estis, kune, katolikoj kaj kontraŭklerikalaj respublikistoj, ekstremdekstraj intelektuloj (kiel Maurice Barrès) kaj artistoj proksimaj de la socialistoj eĉ de la anarkiistoj, defendantoj de Dreyfus kaj oponantoj al Dreyfus. La milito malvigligis sammaniere la kritikan sencon en ĉiuj medioj... Inter la subskribintoj, oni povis distingi Tristan Bernard, Paul Claudel, Georges Courteline, Claude Debussy, Camille Flammarion, Anatole France, André Gide, Lucien Guitry, Pierre Loti, Matisse, Octave Mirbeau, Monet, Camille Saint-Saëns[150].

La pacistaj intelektuloj, male, pro la handikapo de severa cenzuro kaj pro diversaj premoj pri kiuj ni pli skribos en la ĉapitro 10, kompreneble ne povis uzi la manifeston, nek en Francio nek en Germanio.

La mobilizado de artistoj, scienculoj kaj intelektuloj favore al sia flanko metas evidente la kompleksan demandon scii kio estas intelektuloj kaj kial ili konsentas ke oni varbas sian spiriton kaj sian plumon dum militoperiodo.

La "Sankta Unio" rezignis ĉian kritikan spiriton, ekzemple tiuj francaj intelektuloj, kiujn Madeleine Rébérioux, franca historiisto, difinas *kiel kunigitaj ĉirkaŭ la figuro de universitatano (la profesoro en Sorbonne, en "École des Chartes", en la Lernejo de la Altaj Studoj de la strato Ulm, famaj altlernejoj en Parizo: iu klerulo) kaj tiu de la verkisto (vidu Zola, vidu Mirbeau)*[151]...

Francaj historiistoj aktive partoprenis en la propagando favore al la milito; ekzemple, Charles Seignobos, profesoro en Sorbonne kaj Ernest Lavisse, membro de la Franca Akademio, kiu instruis ke venĝo estas sakra devo kaj instigis frenezajn ekskomunikojn kontraŭ

Germanio pravigante samtempe ĉiujn francajn operacojn[152]. Al la universitatana kerno aliĝis interalie verkistoj, muzikistoj, pentristoj, desegnistoj kaj, poste, artistoj de varietea teatro kaj kinoreĝisoroj, el kiuj certe oni ne povis atendi iun trafan kompetentecon koncerne la militon aŭ la politikon, sed kies nomoj elvokis unuanimecon de la nacio por aprobi la militajn operacojn.

Pri tiuj francaj universitataj instruistoj aliĝantaj al la propagando de la Unua Mondmilito, Romain Rolland[153] diris: *La tuta mondo de beletroj estis mobilizita. Oni ne plu distingis la personecojn. La universitatoj iĝis ministrejo pri dresita inteligenteco.*

Rilate la filozofojn kiuj partoprenis per sia talento en la milita strebado, li priskribis ilin tiumaniere: *Ili spertis por klarigi konkretaĵojn per abstraktaĵo, la realon per ĝia ombro, sistematigi kelkajn hastajn observojn aparte elektitajn. […] Tutspertaj por uzi la ideojn, ili sciis ilin eltiri, streĉi, tordi kaj knedi kune kvazaŭ kiel modlopaston, […] Ili povis sammaniere pruvi la blankon aŭ la nigron, kaj trovis laŭvole ĉe Emmanuel Kant la liberecon de la mondo aŭ la prusan militarismon[154].*

Dum la intermilita periodo, la politikaj elektoj kreis gravan disiĝon inter la intelektuloj aprobantaj aŭ kontraŭbatalantaj faŝismon. La alveno de la faŝismo en Italio kaj Portugalio, de la frankismo en Hispanio kaj de la naziismo en Germanio, kaj poste la invado de multaj eŭropaj landoj fare de la nazioj devigis la kontraŭfaŝismajn intelektulojn al ekzilo aŭ al silento, lasante en tiuj zonoj liberan kampon nur al scienculoj kaj artistoj pretaj por subteni faŝismon. Kontraŭe, en Britio, en Sovetio kaj en Usono, oni utiligis la intelektulojn kaj artistojn por subteni la aliancanan kaŭzon.

Oni memoras, ke Einstein mem subskribis leteron al la usona prezidanto por peti plirapidigon de la esploroj, kiuj ebligos akiri atombombon.

Dum la Dua Mondmilito, pli ol dum la Unua, dum kiu koncertoj kaj distraĵoj ĉe la fronto ne estis regulaj, la varieteaj steluloj estis invititaj plibonigi la spiritostaton de la trupoj kaj de la publika opinio, de unu flanko kaj de la alia. En Francio, André Clavaux, Tino Rossi, Charles Trenet, André Dassary, Édith Piaf kaj Maurice Chevalier, inter multaj aliaj, estis la kantantaj subtenantoj de la "petenismo" (el la franca *pétainisme*, kiu signifas subteno al la reĝimo de Pétain) kaj de la okupanto, almenaŭ je la komenco de la milito[155].

Dum la Dua Mondmilito, radio kaj diskoj estis ege uzataj kiel propagandiloj kaj la BBC same kiel Moskvo-Radio, havis esencan rolon por la opinio en la eŭropa kontinento.

En Usono, diskoj kun la paroladoj de prezidanto Roosevelt[156] aŭ ankaŭ marŝo titolata "Remember Pearl Harbor" estis aĉeteblaj.

La pentrarto estis apenaŭ uzita dum la Dua Mondmilito, krom bazo de la propagandafiŝoj laŭdantaj la celojn por kiuj la lando eniris en la konflikton[157].

Sed ankaŭ la fotistoj kunlaboris al la komponado de tiuj afiŝoj, kiel tiuj de Norman Rockwell, kiuj prezentas laŭ sentimentala maniero la kvar liberecojn por kiuj Usono luktas[158].

Aliaj oftaj temoj en la propagandaj afiŝoj de la Dua Mondmilito denuncis la kruelaĵojn de la malamiko aŭ laŭdegis sennuance la aliancanajn batalantojn[159]. Dum la Dua Mondmilito disvolviĝis ankaŭ la propaganda kinarto kaj talentaj filmistoj kiel Franck Capra kaj Joris Ivens en Usono kunlaboris por la milita strebo produktante propagandajn filmojn. *Why We Fight* (Kial ni luktas), reĝisorita de tiuj du filmistoj, apartenis nediskuteble al tiu kategorio kaj prezentis la japanojn kun negativaj trajtoj ĉefe karikaturaj. Aliaj filmistoj elektis, dum Usono batalis ĉe la flanko de Sovetio, laŭdi la meritojn de ĝia nova aliancano per filmoj kiel *Mission to Moscow* aŭ *Northern Star*.

Oni povas retrovi la samajn partoprenojn de artistoj kaj intelektuloj al la propagando dum la Malvarma Milito. Nova "arto" tiam estis alvokata: bildrakonto.

En la belga ĉiusemajna gazeto por la junuloj *Spirou, la aventuroj de Buck Danny*[160] partoprenigis la legantojn en la Korea Milito[161] kaj samtempe en Francio *Bernard Chamblet en misio en la flava lando*[162], kadre de de la milito en Hindoĉinio, prezentis bataladon inter legiano fidela al Francio kaj sadistaj ribeluloj.

La aventuroj de Blake kaj Mortimer, ekzemple, daŭrigis la ĝenron ĝis nia epoko, kun *La komploto Voronov*, drama rakonto eldonita en 2000, en kiu oni vidis sovetiajn scienculojn de 1957 identigi en 48 horoj nekonatan bakterion venintan el la spaco, kiun ili sendas sur la tutan planedon por mortigi okcidentajn eminentulojn[163]. La desegnisto kaj la scenaristo de la komikso kuniĝis tiuokaze kun la verkistoj kaj kinoreĝisoroj kiuj partoprenis en la propagando dum la Malvarma milito[164].

Dum la militoj kontraŭ Irako aŭ Jugoslavio, oni ankaŭ ne vane invitis la artistojn kaj intelektulojn subteni propagandon. Tial, ke emocio estas levilo ĉiam uzinda por mobilizi la opinion, ili estas tiuj, kiuj kreis ĝin per sia talento. Oni povos listigi, por la venontaj generacioj, ekzemple ĉiujn francajn universitatanojn, filozofojn aŭ aliajn "gazet-terapiistojn" kiuj mobilizis la francan opinion kaj incitis ĝin sennuance subteni la militon[165], inventante formulojn, rakontante bonajn historiojn apogante per sia prestiĝo "inform-ojn" malkonfirmitajn dum la sekvanta tago, insultante tiujn, kiuj instigis pli-malpli dubon pri ili. Por ŝanceli la lastajn hezitemulojn, ili ne hezitis reuzi la memorigajn signojn de la kontraŭfaŝismo kaj kontraŭstalinismo, elvokante senĉese kaj ĝenerale maloportune: genocidon, gulagon, Hitleron, Munkenon, Oradour-on*...

---

*   Ouradour-sur-Glane: urbeto en Francio, kie okazis masakro dum la Dua Mondmilito

Oni ankaŭ vokis por helpo geografojn por prezenti politikajn projektojn apogitajn de niaj registaroj kiel realaĵojn jam entenitajn en la kartografio. Tiel, *National Geografic Magazine*, ĉiumonata gazeto distribuata en pluraj milionoj da ekzempleroj tra la mondo, donacis al siaj legantoj, kun la numero de Februaro 2000, egan mapon de Balkanoj "anticipante" la venontajn militajn operacojn planitajn de NATO. Efektive, ĝi montras klare, uzante kolorojn, ke Albanio integris Kosovon kaj parton de Montenegro[166]. Laŭ la sama senco, la belgaj franclingvaj radio kaj televido prezentis, en sia meteorologia mapo, Kosovon kiel sendependan ŝtaton, eĉ se la interkonsentoj post la bombadoj de Jugoslavio certigis sen duba senco kaj laŭ "definitiva" maniero, la jugoslavian suverenecon sur Kosovo[167].

La televido, refleksa laborejo, mobilizis sin tute por veki unuaniman konsenton kontraŭ Jugoslavio kaj tio ne nur en la tiel nomitaj informoprogramoj, plej ofte konsistantaj el emociaj mesaĝoj sen konduka fadeno.

Egaj televidaj spektakloj kunigis la plej famajn kantistojn kaj artistojn por tiele tuŝi publikon malmulte politikeman kaj malmulte inklinan al subteno de la milita strebo kontraŭ Jugoslavio.

Kun vizaĝo patosa kaj severa, kun raŭka voko pro grava emocio, la anoncistoj de la belgaj televidaj kanaloj, publikaj kiel privataj, escepte kuniĝintaj, imagis spektaklojn *Por Kosovo*, prezentitajn samtempe sur la diversaj kanaloj kaj do el kiuj oni malfacile eskapis. La partopreno de la plej multekostaj artistoj kaj la interagado de la publiko, kies malavareco estis petata, konkurence inter flandroj kaj francparolantoj, garantiis al tiuj spektakloj plejan spektantaron kaj konfirmis por la publiko la plenrajtecon de milito entreprenita kun la apogo de tiaj famuloj.

Anatole France – kvankam li subskribis la *Manifeston de la Cent* – diris iutage, *ke la milito estas malpli abomeninda pro la ruinoj, kiujn ĝi semas ol pro la malklereco kaj la stulteco kiuj ĝin akompanas*[168].

Por doni al la publika opinio la impreson ke la nacio unuanime subtenas la militon, estas necese ke eminentaj artistoj kaj intelektuloj subtenu la militemajn iniciativojn kaj prezentu ilin, per siaj propraj iloj (kanzono, moralo, kino...) laŭ pozitiva maniero.

Oni povas havi la impreson rilate la militon de Usono kontraŭ Afganio en 2001 kaj precipe kontraŭ Irako en 2003, ke ne eblis kunlaborigi la artistojn kaj intelektulojn al la milita propagando, tiom ili estis malfavoraj al tiuj militemaj entreprenoj. Tamen oni devas nuanci tiun impreson per la amplekso, kiun la amaskomunikiloj atribuis al la kontraŭstarantoj kaj al la aprobantoj de tiuj militoj.

En Februaro 2002, kiam sesdek usonaj intelektuloj subskribis malfermitan leteron, en kiu ili donis sian apogon al la milito en Afganio, ilia iniciativo trovis larĝan resonon en la usonaj amaskomunikiloj, kompreneble, sed ankaŭ en eŭropaj. Ilia letero, pli ol unu semajnon post sia apero, trovis resonon en la eŭropa gazetaro, kie intelektuloj esprimis sian starpunkton rilate al "tiu rajto kaj eĉ tiu devo" militi kontraŭ Afganio[169].

Aliaj usonaj intelektuloj aliparte subskribis protestoleteron **kontraŭ** tiu milito, sed nur post insistaj petoj ĝi finfine aperis, kaj sen reagoj, en kelkaj eŭropaj gazetoj.

Pri la dua milito kontraŭ Irako, multaj usonaj intelektuloj kaj artistoj reagis, kiel dum la milito en Vjetnamio, per pacista mobilizado.

La "*protest songs*" multobliĝis: *We want peace* (Ni volas pacon) estis registrita de Lenny Kravitz kun la iraka stelulo Kadim Al Sahir kaj la palestina muzikisto Simon Shaheen. John Mellecamp registris kanzonon malfavoran al la milito kun tiu titolo: *From Washington*. Mia Doi Todd sekvis la saman vojon kaj Russel Simmons anoncis la kreadon de la grupo "Musicians United to Win Without War" al kiu aliĝis interalie Martin Sheen.

Dek kvar mil usonaj universitatanoj, verkistoj kaj intelektuloj subskribis en la unuaj tagoj de Marto 2003 peticion malaprobantan la militon kontraŭ Irako kaj kvar mil usonaj famuloj jam subskribis "*Not in our name*" (Ne en nia nomo) en aŭtuno 2002, inter ili estis la reĝisoroj Oliver Stone kaj Robert Altman, kaj la aktorino Susan Sarandon.

Sed la iloj por diskonigi tiujn starpunktojn estis tute ne kompareblaj kun la atribuita resono "nature" farita de la amaskomunikiloj al la subteno de la usona prezidanto, de Tom Cruise aŭ Steven Spielberg, aŭ al novaj registraĵoj de *God Bless America* de Ray Charles aŭ Celine Dion aŭ ankoraŭ la ĉeesto inter usonaj soldatoj de la aktoro Bruce Willis kaj lia grupo "*The Accelerator*".

Nur per siaj propraj elspezoj la subskribantoj de "*Not in our name*" povis publikigi sian akuzadon en *The New York Times* en Septembro 2002, kaj poste en *Los Angeles Times* kaj *USA Today* en Oktobro 2002.

La komediisto Sean Penn, por konigi siajn personajn plendomotivojn kontraŭ la politiko de la prezidanto Bush, devis aĉeti, kontraŭ 56 000 eŭroj, paĝon en *The Washington Post*, kiu laŭ tiuj kondiĉoj, publikigis lian *Malfermitan leteron al la prezidanto de Usono*. Same, estis reklampaĝo pagita de *The New York Times*, kiu gastigis la peticion de la kvardek mil usonaj universitatanoj[170]. Michael Moore kaj Sheryl Crow profitis la okazon kiun ofertis la disdono de la premioj de la Oscars aŭ la "Grammy Awards" por konigi sian oponon al la milito. En Februaro 2003, Sheryl Crow tie aperis, malgraŭ la malpermeso por la muzikistoj esprimi tie siajn protestojn dum la ceremonioj, kun pacista simbolo kiel kolringo kaj la rimeno de sia gitaro ornamita de videbla "*No War*[171]".

Do, la iloj por konigi siajn opiniojn estis tre malegaligitaj laŭ la subteno aŭ la opozicio al la milito. *New York Times* avertis krome la aktorojn kaj muzikistojn pri tiuj kontraŭmilitaj deklaroj, kiuj povus efektive estigi bojkoton de la publiko aŭ de iuj spektakloprodukistoj[172]. Ili riskis esti flankenlasitaj kaj misfamigitaj pro siaj pozicioj kontraŭ la milito en Irako.

Efektive, estis malmultaj ŝancoj aŭskulti Lenny Kravitz aŭ Mia Doi Todd en MTV. La kanalo, je la komenco 2003, estigis liston de tabuaj kanzonoj. Ĉiuj en kiuj oni trovis la vortojn bombo, misilo, milito…

Siaflanke, la BBC ordonis al siaj oficistoj, dum la dua milito en Irako, aŭdigi mildan muzikon antaŭ kaj post la informoj. John Mellencamp ne iluziiĝis pri la elsendo de sia kanzono *From Washington* kaj deklaris je la komenco de Marto 2003: *Mi ne pensas, ke estas multaj ŝancoj aŭdi ĉi tiun kanton en radio*[173].

Dum tiu tempo, specialistoj pri komunikado enscenigis la "liberigon" de Bagdado kun ĝiaj knabetoj portantaj T-ĉemizojn "*I Love America*" kaj ĝia malbolto de la statuo de Saddam Hussein antaŭ maldensa spektantaro, sed sub la fenestroj de la hotelo Palestino kie troviĝis la eksterlandaj ĵurnalistoj… La komunikadofirmaoj anstataŭigis la artistojn kaj intelektulojn malaprobantajn kaj Hollywood preparis filmon pri la "liberigo" de Jessica Lynch.

Ankaŭ la milito en Ukrainio konformiĝas al tiu principo. Por tuŝi la korojn kaj la animojn, estas necese ke la artistoj, sportistoj kaj intelektuloj deklaru sin kontraŭ Rusio. La rusaj artistoj, trapasante en Eŭropo, devas deklari sin favoraj al Ukrainio kaj kondamni sian registaron, sub la minaco esti eksigitaj el la konkursoj, konkuroj kaj festivaloj. Sed eĉ kun tia deklaro de fideleco, rusaj sportistoj, muzikistoj, filmistoj estis eksigitaj nur pro sia nacieco[174].

Por ke la opinio estu definitive akirita de la milita kaŭzo nur farendas kredigi ke nia kaŭzo neniel similas al la aliaj kaŭzoj, ĉar nia kaŭzo estas treege morala. Ke, resume, ĝi estas sankta kaj tio vere transformas multajn batalojn al krucmilito.

9. Nia kaŭzo havas sanktan karakteron

Se nia kaŭzo estas sankta, oni devas defendi ĝin kaj se necesas, kun armiloj en la mano.

Sed tiu sankta karaktero povas esti prenita ĉu laŭvorte ĉu larĝsence. Laŭvorte tio signifas ke, se la kaŭzo estas religia, la milito estas krucmilito, al kiu ni ne povas eskapi.

Fakte la religia argumento estis ofte uzata en la milita propagando.

Oni memoras la koncizajn esprimojn kiel *Gott mit Uns, In God we trust* aŭ *God Save the Queen*, kiuj ofte akompanis kaj plu akompanas la batalojn.

Sankto Bernardo jam diris: *La kavaliro de Kristo mortigas konscie kaj mortas trankvila. Mortante, li saviĝas, mortigante, li laboras por Kristo. Kiam li forprenas la vivon de malpiulo, tio ne estas hommurdo sed "malbonmurdo". Ricevi la morton aŭ mortigi por Kristo tute ne estas krimo kaj meritas vastegan gloron*[175]. Kaj la bona Lutero ne havis alian vidpunkton, nek la papoj ĝis Benedikto la 15-a kaj la Unua Mondmilito.

Pri la Korano, ĝi admonis: *Batalu kontraŭ tiuj el la popolo de la Skribo, kiuj ne kredas je Allah kaj al la vivo venonta, kaj ne rigardas malpermesita tion, kion Allah kaj Lia sendito malpermesis, kaj ne sekvas la veran religion, ĝis li donos la tributon libervole kaj humile.*

Kiam estos pasintaj la monatoj malpermesitaj, mortigu la idolanojn, ie ajn vi trovos ilin kaj kaptu ilin kaj kontraŭstaru ili, embuskante[176].

Ekde la Mezepoko, sankta Tomaso la Akvinano difinis la kvar kriteriojn, laŭ kiuj estas morale prave militi (*prava kaŭzo por kiu la milito decidita de la laŭleĝa aŭtoritato estas la lasta rimedo kaj proporcia al la malbono kiu plagas*), kaj ĉiuj kristanaj registaroj komencante militon ĉiam asertis esti precize en tiuj kondiĉoj.

Dum la Unua Mondmilito, la germanaj episkopoj subtenis Germanion kaj la francaj episkopoj Francion. Ĉiuj predikoj de Pastro Sertillanges en la pariza preĝejo La Madeleine estis samtiom da furiozaj instigoj por amasbuĉado. En Belgio, kardinalo Mercier – fervora patrioto konfliktanta kun la papo Benedikto la 15-a, kiu konsideris lin kiel tro kontraŭgermana – skribis ke la brava belga soldato, kiu konscie donas sian vivon por defendi la honoron de sia patrio kaj venĝi la malrespektitan justecon, vidas sian soldatan brav-econ kronita de la Kristo, kaj la morto, kristane konsentita, certigas al tiu soldato la savon de lia animo[177]. Kardinalo Mercier aperis sur multaj propagandaj afiŝoj por la milito, ĉar li atestis pri la sankta karaktero de la aliancana kaŭzo por la katolikoj de la aliancaj landoj, kiuj volis ignori ke fakte ili estas simile dispartigitaj en la du flankoj. La Aliancanoj kunigis katolikajn landojn (Belgio, Francio, Italio), protestantajn (Britio) kaj ortodoksajn, same kiel en la alia flanko.

Dum la Dua Mondmilito, la italoj prezentis la (nigrulajn) usonajn soldatojn kiel rabantojn de preĝejo kaj ikonoklastojn. Sed samtempe en Usono sorbigita de religio, la alianca kaŭzo estis prezentita kiel tiu de Dio kaj de la kristanismo[178]. La usona prezidanto F. D. Roosevelt ofte elvokis tiun religian argumenton en siaj paroladoj kaj multfoje alvokis Dion kaj ĝian protekton. (*Se la Dia spirito ne estas apud ni, kaj se ni ne estas pretaj doni ĉion, kio ni estas kaj kion ni havas por antaŭsavi la kristanan civilizacion, tiam, nia lando pereos*)[179]. La prezidanto finis la inaŭguran paroladon de sia nova mandato en 1941 dirante: *Kiel usonanoj ni antaŭeniros je la servo de nia lando, per la Dia volo*[180].

Ankaŭ multaj aliaj usonaj oratoroj uzis la "sanktan" argumenton por persvadi siajn aŭskultantojn, ke estas necese rompi la izolismon. Tiel, iu pastro Sheehy, irlandodevena, proklamis: *Mi deziras diri al miaj katolikaj kompanoj en Italio: italoj ne havas pli bonajn amikojn ol usonanojn. Usono prenis italojn en sian koron. Ni pensas, ke la alianco kun*

Hitlero estas tiom malbona kiel alianco kun Stalino. Leviĝu, filoj de Italio, kaj sekvu la pacistajn emojn de la Sankta Pastro kaj de via propra reĝo. Italio apartenas al la Krista akso. Kal li plu diris: *Mia irlanda sango krias por venĝo kontraŭ Anglio. Sed bedaŭrinde, mi devis konkludi ke la kaŭzo de Anglio estas tiu de libereco, de Usono kaj de kristanismo*[181]. Kolonelo Knox, sekretario de la usona ŝiparmeo, en sia parolado de la 1-a de Julio 1941, rekomendanta la eniron de Usono en la militon kontraŭ la Akso (politika alianco *Berlino-Romo-Tokio* en 1942), deklaris: *Ni povas certigi al vi, sen nenia dubo, la malvenkon de tiu **pagana** [mi mem substrekas] potenco kaj certigi al vi la venkon de la kristana civilizacio.* Kaj Lord Lithian, ambasadoro de Britio en Usono, en testamenta letero skribita kvin horojn antaŭ sia morto, reuzis tiun argumenton en konciza slogano: *La prediko sur la monto estas daŭre multe pli forta ol la tuta propagando de Hitler aŭ ĉiuj pafiloj kaj bomboj de Goering.*

Tiuj ekzemploj montras ke la kaŭzo povas esti sankta precipe en la senco ke ĝi estas tiu, kiun Dio apogas kaj subtenas.

Sed tre ofte, estas aliaj valoroj, kiel demokratio, "civilizacio", libereco aŭ merkatekonomio, kiuj estas starigitaj ĝis la rango de sanktaj valoroj. Jam en la paroladoj de F.D. Roosevelt, tiuj du tipoj de sanktaj valoroj alternis. La "fido" de Usono estas la fido en Dio, sed ankaŭ la fido en ĝiaj aliaj valoroj. Tiel, la fido en la kvar fundamentaj liberecoj (de parolo, de religio, de protekto kontraŭ la bezono kaj de sekura vivo) ripetiĝis ofte en la paroladoj de Roosevelt[182] kaj konsistigis la ĉefan temon de multaj afiŝoj de la usona propagando[183].

Same, demokratio estas starigita ĝis la rango de sankta valoro por kiu ĉiuj sinoferoj estas konsentindaj. *La flamo de la demokratio devas daŭre bruli. Por vivteni tiun flamon ĉiu el ni devas alporti ĉiujn siajn fortojn. La persona strebo de ĉiu individuo eble ŝajnas tre malgranda, sed estas 130 000 000 individuoj, kaj multaj pli en Britio kaj aliloke, kiuj brave tenos la grandan flamon de demokratio kaj de detruo de barbareco*[184].

En la freŝdataj konfliktoj reaperis tiu argumento de la manihea mitologio: la sankta demokratio luktas kontraŭ la "fiaj ŝtatoj[185]" kaj la Potencoj de la Malbono. La franca ministro Hubert Védrine estis tre izolita kiam li deklaris en Junio 2000, ke demokratio ne estas religio: *La okcidentaj landoj iom tro emas kredi, ke demokratio estas religio kaj ke sufiĉas konverti homojn*[186]. Sed, krome, la religia argumento estis ankaŭ ofte uzita de la batalantoj kiam eblis.

Tiel, en Jugoslavio, la konflikto inter albanoj kaj serboj estis travivita kaj prezentita de tiuj lastaj kiel milito kun religia karaktero. Temis pri la ortodoksa kristanismo, plian fojon en la historio turmentata de islamo. Eĉ se ili estis ateistaj, la serboj reliefigis tiun aspekton de milito inter "la lunarko kaj la kruco" kaj insistis pri la ortodoksa religio kiel unua konstitua elemento de sia identeco. La ortodoksa religio estis prezentita kiel la cemento de la serboj kontraŭ la atako de NATO. La reklampaneloj de Belgrado estis kovritaj en la printempo 1999, dum la bombadoj, de egaj afiŝoj realigitaj de dekstra partio, certigantaj meze de religiaj sloganoj (*Kristo resurektis*, ripetita temfrazo de la ortodoksa Pasko): *Ili* [=NATO] *kredas je la bomboj, ni kredas je Dio*. La foto kontrastigis bombon kaj Paskan ovon pentritan laŭ la tradicia maniero de orienta Eŭropo.

Laŭ samtipaj ideoj, Belgrado eldonis en 2000 fotolibron ilustrantan la fiagojn kontraŭ la serboj en Kosovo ekde la okupado de la internaciaj armeaj fortoj[187]. Multaj fotoj de tiu verko prezentis monaĥejojn kaj ortodoksajn preĝejojn detruitajn de la albanoj en Kosovo[188]. La serboj esperis el tio kristanan solidarecon kontraŭ la islamaj "ikonoklastoj", sed la mesaĝo estis ricevita nur en ortodoksaj landoj. Katolikoj kaj protestantoj rifuzis en tiu afero la religian aspekton de la konflikto, malpli gravan, laŭ ili, ol ĝia politika aspekto.

Dum la ĉefepiskopo de Novjorko kaj la prezidanto de la sociala komisiono de la Eklezio de Francio, kiel la Reformita Eklezio, esprimis siajn gravajn dubojn aŭ deklaris sin *profunde malfavoraj* al la bombadoj de NATO, la ĉefepiskopo de Prago kaj la prezidanto de la komisiono pri Justeco kaj Paco de la franca episkoparo[189] male komplete subtenis la okcidentajn agojn kontraŭ Jugoslavio.

Male, la granda amaso de ortodoksaj (rusoj, rumanoj, grekoj, bulgaroj…) sentis la konflikton kiel novan batalon kontraŭ la "turkoj" kaj kiel humiligon vidante la okcidentanojn subteni la lunarkon kontraŭ la kruco. Rusaj popoj organizis homhelpojn solidarece kun la ortodoksaj serbaj fratoj[190] kaj la grekoj estis la plej hezitemaj okcidentanoj por sekvi la politikon de NATO.

En la aliaj kristanaj landoj de NATO, tiu religia aspekto de la milito, reliefigita de la serboj, estis plej silentigita kiel eblis.

Plej ofte oni memvole "forgesis" precizigi, ke la albanoj, al kiuj oni alportis helpon, estis (kiel la ĉeĉenoj de Grozny) islamanoj[191]. Kiam estis necese precizigi tion, oni prezentis la islamanojn de Albanio kaj Kosovo kiel praktikantaj islamon aparte diskretan, tolereman, moderan kaj por tiel diri "eŭropan[192]". Oni preferis interesiĝi pri alia afero, kiel la sankta karaktero de interveno kontraŭ reĝimo rifuzanta la merkatan demokration. La argumento de la religia karaktero de la milito estas kelkfoje pli facile defendebla en unu flanko ol en la alia. Kompreneble ĝi estas alvokita nur kiam ĝi estas utila al **nia** kaŭzo…

La uzo de tiu principo ĉiam donis " kuraĝon" al la batalantoj. Ili ne luktas por iu ajn kaŭzo, sed por la sankta kaŭzo de Dio, kaj tio ĉu igas ilin nevundeblaj, ĉu certigas por ili, se ili mortas, lokon en la paradizo de tiuj, kiuj batalas por la fido.

Dum la milito gvidata de Usono kontraŭ Afganio, la talibanoj svingis tre videble sian kredon, sed la usona prezidanto Georges W. Bush ankaŭ uzis esprimojn kun religiaj kromsignifoj. Prezentante sin kiel kristano tuŝita de graco, Bush estas ilo de la Sinjoro kaj la lando estas komisiita de la Providenco por ripari la spiritajn kaj moralajn (kaj ankaŭ politikajn kaj ekonomiajn) miskondutojn de la aliaj nacioj.

La ideo de Akso de la Malbono, reuzita dum la dua milito kontraŭ Irako, havis ankaŭ aspekton de apokalipsa alfronto kontraŭ Babilono. Restarigi la merkatekonomion de Irako kaj faligi Saddam Hussein estis do "misioj" apartenantaj al la vasta krucmilito kontraŭ la antikristoj (islamistoj, komunistoj aŭ aliaj) kiuj deziris maltrankviligi la Dian pacon: *God bless America.*

Sed oni rimarkas ke, en la alia flanko, kiam la alfronto de 2003 alproksimiĝis, Saddam Hussein, antaŭe laŭdanto de la laikeco, afektis pli kaj pli montriĝeman piecon, legis versiklojn de la Korano en televido kaj alvokis la islamajn batalantojn forpeli, je la nomo de Alaho, la anglajn-usonajn trupojn konsistantajn el neislamanoj: *Allahu Akbar.*

Dio subtenas laŭ granda senpartieco ĉiujn militantojn!

10. Tiuj kiuj esprimas dubon pri la propagando estas perfiduloj

Lord Ponsonby jam atentigis, ke ia ajn provo por instigi dubon pri la rakontoj de la propagandaj servoj tuj estas konsiderata kiel manko de patriotismo, aŭ pli ĝuste, kiel perfidaĵo.

Verdire dum la Unua Mondmilito svarmis ekzemploj apogantaj tiun tipon de milita propagando. En Francio, la ministro pri Financoj Klotz, kiu, je la komenco de la milito, havis en siaj oficaj povoj cenzuron de la gazetaro, kaŭzis la indignon de la eldonisto de *Le* Figaro, ĉar li rifuzis publikigi rakonton pri la infanoj al kiuj germanoj tranĉis la manojn. Li rakontas en siaj memoraĵoj[193]: "Iun vesperon oni prezentis al mi presprovaĵon de *Le Figaro*, en kiu du famaj scienculoj certigas kaj konfirmas per siaj subskriboj, ke ili vidis per siaj okuloj centon da infanoj, al kiuj la germanoj tranĉis la manojn. Malgraŭ la atesto de tiuj scienculoj, mi daŭre dubis pri la ĝusteco de ilia rakonto kaj mi malpermesis ĝian publikigon. Ĉar la eldonisto de Le Figaro esprimis sian indignon, mi deklaris min preta por enketi, en la ĉeesto de la ambasadoro de Usono, pri tiu afero kiu devos kortuŝi la mondon. Sed mi petis ke la du scienculoj sciigu al mi la nomon de la loko, kie oni devos enketi. Mi insistis por ke tiuj detaloj estu tuj transdonitaj al mi. Mi plu atendas ilian respondon aŭ ilian viziton."

Ĉar li kontraŭdiris la akuzojn de kruelaĵoj kontraŭ la germanoj aŭ almenaŭ publike sugestis ke francoj ne estas nepre pli teneraj, franca instruisto – Mayoux – estis kondamnita al du jaroj en malliberejo kaj maldungita[194]. Ankaŭ instruisto en la franca gimnazio de Kairo estis maldungita de la Laika Misio ĉar, dum prelego pri la milito, *li silentis pri la kruela maniero per kiu la malamiko regis la militaĵojn*[195].

En Francio, la *Société d'études documentaires et critiques sur la guerre* (Societo pri dokumentaj kaj kritikaj studoj pri milito) celis esplori la eblajn respondecojn de ĉiu nacio en la militdeklaro. Ĝi plenumis dokumentajn studojn pri tiu temo kaj restis tre modera – malgraŭ la partopreno de pacistoj. Tamen, ĉar ĝi faris tiujn demandojn, la Societo estis objekto de streĉa polica atento kaj policinformantoj ĉeestis ĝiajn kunvenojn. En 1917, la policoprefekto petis kaj obtenis de la ministro pri enlandaj aferoj la definitivan malpermeson de la agadoj de la societo. Tiel ĝi devis ĉesigi siajn esplorojn.

Georges Demartial, kiu vivigis la Societon kaj kies verkon mi ofte citis en tiuj paĝoj, estis vokita antaŭ la Konsilio de la Honora Legio post la publikado de artikolo, en kiu li rifuzis konsideri Germanion kiel solan respondeculon de la militaĵoj[196].

En Britio, la situacio de tiuj, kiuj esprimis siajn dubojn aŭ kontraŭdiris la propagandon, ne estis pli enviinda. La *Union of Democratic Control*, kiu estis la ĉefa kontraŭmilita voĉo en la lando, havis siajn poŝton, sian telefonon kaj siajn kunvenojn kontrolitaj de Scotland Yard. Provokantoj interrompis ĝiajn mitingojn, disŝiris ĝiajn banderolojn kaj draŝis la oratorojn kaj la publikon. Baldaŭ neniu konsentis ludoni al ĝi ĉambron kaj Morel, ĉefa eminentulo de la Unio estis izolita. Li ne estis pacisto kaj asertis, ke li batalos se Anglio estos atakita, sed ke tio ne okazis. La polico traserĉis la sidejon de UDC kaj la personan loĝejon de Morel. Lia laborĉambro estis konstante prigardita. Liaj legitimiloj estis forprenitaj kaj la gazetaro eĉ akuzis lin esti je la servo de la malamiko. *Daily Sketch* (la 1-an de Decembro 1915) proponis, ke oni kaptu la "superkonspiranton". *Daily Express* (la 4-an de Aprilo 1915) demandis, kiu financas lian "porgermanan Union", kaj *Evening Standard* (la 7-an de Julio de 1917) nomis lin "agento de Germanio" en la lando[197]. Fine li estis enprizonigita kaj kondamnita al punlaboro.

En Usono, la eksprezidanto Théodore Roosevelt laŭdire skribis, dum la Unua Mondmilito: Ĉiu homo kiu, en Usono, esprimas rekte aŭ malrekte sian simpation por Germanio, devas esti arestita, mortpafita, pendumita aŭ enprizonigita ĝis la fino de sia vivo[198].

Reale, tiuj kiuj estis suspektitaj pri kontraŭstaro al la eniro de Usono en la militon estis aŭ enprizonigitaj aŭ ŝmiritaj per gudro kaj volvitaj en plumoj!

Sammaniere, dum la Dua Mondmilito, opoziciuloj al la usona partopreno estis konsiderataj kiel perfiduloj. F. D. Roosevelt tiel akuzis Lindbergh kaj tiujn, kiuj samopiniis pri la plej gravaj trompaĵoj[199], kaj li asertis ke la izolistaj respublikanoj faligis la plej gravan bombon kiel eblas sur Usonon[200].

Ene de nia komunumo estas iaj fortoj konsistantaj el homoj, kiuj nomas sin usonanoj sed kiuj volas detrui Usonon. Ilia konstanta celo, kiel en aliaj landoj, estas malfortigi demokration kaj la fidon de la libera homo en sia propra kaŭzo[201].

Tiuj kiuj dubigas pri la praveco de la usona interveno en la eŭropaj militoj ne estas patriotoj: vi kaj mi, kiuj militservis dum la Granda Milito, devas alfronti la malpatriotajn klopodojn de kelkaj el niaj samlandanoj por kredigi al ni, ke la akceptitaj sinoferoj estis vane faritaj[202].

Ankaŭ dum la Malvarma milito, tiuj kiuj ne aktive partoprenis en la antikomunista lukto estis facile konsiderataj kiel perfiduloj[203].

Eĉ hodiaŭ, en Nord-Irlando, en Israelo kaj Palestino aŭ en Kipro[204], tiuj kiuj rekomendas interpaciĝon aŭ partoprenas en miksitaj grupoj estas ofte akuzitaj pri perfido.

Dum ĉiu milito, tiu kiu volas esti prudenta, aŭskultas la argumentojn de la du partoprenantaj flankoj antaŭ ol adopti starpunkton aŭ kontestas la oficialan informon, tiu estas tuj konsiderata kiel komplico de la malamiko.

La milito kontraŭ Jugoslavio ne estis escepto al tiu regulo. La plejmulto de la ĵurnalistoj obeeme dissendis informojn disdonitajn ĉiutage de la proparolanto de NATO, Jamie Shea, dum siaj "informkunvenoj". Sed kelkaj ĵurnalistoj, kelkaj intelektuloj kaj artistoj kiel Renaud, Georges Moustaki aŭ la flandra kantisto Arno[205], rifuzis partopreni en la ĝenerala entuziasmo kaj faris kelkajn kritikajn rimarkojn *kontraŭflue al la bonopiniaj intelektuloj alpremiĝantaj sub la protekta flugilo de Onklo Sam*[206].

Tiujn, kiuj ne restis en la grego, oni tuj akuzis esti antiokcidentanoj, antidemokratoj, resume "subtenantoj de Milošević".

La plejmulto de la amaskomunikiloj, submetitaj al ordonoj de NATO, furiozis kontraŭ ili, eĉ se malgrandaj liberaj rubrikoj estis rezervitaj por ili kiel alibio kaj "pruvo" de la plurismo de la amaskomunikiloj.

Le Soir kaj RTBF (belgaj franclingvaj radio kaj televido) en Belgio, sed ankaŭ *BBC* en Britio, malakceptis la kontribuaĵojn de ĝenantaj opoziciuloj.

Tiu lasta eltranĉis el porbalota reklamfilmo de la Socialist Labour Party de Arthur Scargill, la sekvencon, kiu montris la ruinigojn estigitajn per la NATO-bombadoj[207]. La ĉefa proparolanto de la registaro de Tony Blair, Alastair Campbell, tamen akuzis la britajn amaskomunikilojn, kaj BBC-TV-on aparte, pri proserba komplezo ĉar ĝi montris la "misagojn" de NATO[208].

En *Le Monde,* Daniel Schneidermann dediĉis du preskaŭ similajn artikolojn, en Aprilo kaj Junio 1999, por riproĉi al francaj ĵurnalistoj nesufiĉan disciplinon. Laŭdire, kelkaj el ili montris *superabundan singardemon,* montris sin tre *dubemaj,* prenis *la atestojn de rifuĝintoj per troa malkonfido*; resume ili eraris *pro tro granda malfido*[209].

La raporto de Jiří Dienstbier pri Kosovo, transdonita, kiel kompletiga aldono, de la ĝenerala sekretario de UNO al la membroŝtatoj, estigis por ĝia aŭtoro torenton de atakoj, ĉar ĝi estis tro ekvilibra. Ĝiaj konkludoj estis: la etna purigado de la albanoj, kiu okazis printempe, akompanata de murdoj, torturoj, rabadoj kaj bruligo de domoj, estis sekvita aŭtune de etna purigado de serboj, ciganoj, bosnianoj kaj aliaj ne-albanoj, kaj samaj kruelaĵoj estis faritaj[210].

Tiu raporto okazigis drastan atakon de Ismaïl Kadare en Le Monde (la 14-an de Decembro 1999) riproĉantan al li meti sur la saman nivelon viktimojn kaj ekzekutistojn. Dienstbier respondis al li (la 26-an de Januaro 2000) per tiuj vortoj: Ne ekzistas "serbaj kaj albanaj krimoj". La krimoj estas faritaj de krimuloj tre konkretaj. Ili foje havas serban nomon, aliafoje albanan aŭ tute alian nomon. Do mi metas sur la saman nivelon la serbajn kaj la albanajn turmentistojn kaj mi sammaniere zorgas pri la albanaj kaj serbaj viktimoj. Rifuzante klarigi la duan serion de krimoj faritaj en la ĉeesto de la Misio de Unuiĝintaj Nacioj en Kosovo, de KFOR (multnacia armeo de NATO en Kosovo) kaj de la Organizaĵo pri Sekureco kaj Kunlaboro en Eŭropo, pro komprenebla venĝemo, li klarigis, ke la ĉefa kialo de la elpeloj, de la murdoj, de la rabadoj, de la domodetruoj kaj aliaj perfortaĵoj estis agadoj organizitaj de tiuj kiuj, kun armiloj en la mano, forprenis la posedaĵojn de la elpelitoj kaj provis akapari potecon. Krimuloj kaj mafiuloj transpasas libere la malfermitan landlimon.

La plej granda parto de la famuloj, kiuj iom esprimis malaprobojn rilate la oficialajn tezojn pri la milito kontraŭ Jugoslavio, estis makulitaj per infamio. Ĉiu demando pri la faktoj estis konsiderata kiel pruvo de alianco kun la malamiko. La albanaj intelektuloj de Kosovo, Veton Surroi kaj Baton Haxhia, estis traktitaj de la oficiala agentejo, favora al la UÇK (Kosova Liberiga Armeo), kiel perfiduloj ĉar ili kritikis la krimojn kontraŭ la nealbanaj loĝantoj. La komento de la agentejo nomis ilin: *degenerintoj, bastardoj, kiuj fetoras je slava haladzo, por kiuj ne estas loko en Kosovo libera kaj kiujn povas celi eblaj kaj pravaj reprezalioj*[211].

La verkisto Peter Handke, kiu enscenigis en Junio 1999 por la Burgtheater en Vieno porokazan teatraĵon, proklamanta sian abomenon al la "homhelpaj hienoj", al la internaciaj ekspertoj, kaj al la ĵurnalistoj servantaj la monopolan centralon por veraĵprodukt-ado[212], estis tuj akuzita partianiĝi por Serbio kaj precize por tiu lando ĉar ĉiuj abomenas ĝin. Parolante pri la suferoj de la serba popolo, kiam ĉiuj amaskomunikiloj informis nur pri tiuj de la kosovanoj, lia teatraĵo estis prifajfita. La ĉiutaga gazeto el Vieno *Kurier* same kiel la *Frankfurter Allgemeine Zeitung* furiozis kontraŭ la *rabia aŭtoro, liaj agresivaj kaj partiaj* starpunktoj kaj lia teksto, kiu estis nur *serio de stultaĵoj*[213].

Ankaŭ en Francio, tiuj kiuj aŭdacis demandi ĉu estis necese bombadi la civilajn jugoslavajn loĝantojn estis nomitaj "ruĝbrunaj" reviziistoj kaj komplicoj de Milošević. La ĉiusemajna gazeto *L'Évènement* de la 29-a de Aprilo 1999 publikigis la nomon kaj la foton de ĉiuj kiuj laŭ la titolo estis *La komplicoj de Milošević*. Tute senorde, oni povis trovi la malmultajn francajn intelektulojn kaj verkistojn kritikajn aŭ skeptikajn pri la NATO-politiko (Pierre Bourdieu, Max Gallo, Serge Halimi...) sed ankaŭ la kantiston Renaud, la abaton Pierre kaj monsinjoron Gaillot! *L'Évènement* krome denuncis gazetajn organojn (Le Monde diplomatique, L'Humanité, Politis) kaj orga-nizojn (MRAP [Movado kontraŭ rasismo kaj por amikeco inter la popoloj], CGT [franca sindikato], PCF [franca komunista partio], Mouvement de la paix [movado por la paco]), ĉar ili elektis svingi la grandserban standardon!

Ankaŭ *Le Monde* kalumniis la kontraŭstarantojn al la NATO-milito. Ekzemple, kiam la petskribo "*Les Européens veulent la paix*" (Eŭropanoj volas pacon) de la kolektivo "*Non à la guerre*" (Ne al la milito), forta je cent mil nomoj, estis publikigita, postulanta la tujan ĉeson de la NATO-bombadoj kaj la malfermon de *veraj traktadoj* [...] *pri daŭra pacoplano, Le Monde* (la 1-an de Aprilo 1999) ne titolis pri la famaj nomoj, kiuj subtenis ĝin (la abato Pierre, Gilles Perrault, Max Gallo, Alexandre Zinoviev, Peter Handke, Jean-François Kahn) sed pri *La ĝena alvoko al la paco de la "Nova Dekstro".*

La pariza gazeto fakte rivelis, ke inter la cent mil subskribintoj, oni *ĉefe trovas* [tiel] *dekkvinon da reprezentantoj aŭ simpatiantoj de la movado baptita "Nova Dekstro"* kaj sekve sugestas, ke estas *alianco "ruĝbruna", kunligo de la ekstrema dekstro kun la movado komunista eĉ anarkiista.*

Sed en Francio, tiu, kiun celis la plej drasta kalumnia kampanjo, estis Régis Debray. Oni memoras, ke la verkisto aŭdacis, meze de la milito kontraŭ Jugoslavio, *iri por vidi en la alia flanko.* El tio li konkludis en artikolo publikigita en *Le Monde* (la 13-an de Majo 1999) kaj en alia en *Marianne* (de la 17-a al la 23-a de Majo 1999), ke la plej gravaj perfortaĵoj estis faritaj en Kosovo sub la bombodiluvo kaj ke temis pri *reprezalioj* plenumitaj de *senkontrolaj* elementoj kun la verŝajna kompliceco de la loka polico. Sed, laŭ Régis Debray, pro tio difini *apriore* la serban popolon kiel kolektive kriman ne estas inda de demokrato. La fina konkludo de la kosovaj impresoj de Régis Debray publikigitaj en *Marianne*, resumiĝis per admona vorto: *Vi dubu.*

La morgaŭon de la publikigo de lia artikolo en *Le Monde* – tio pruvas ke liaj kontraŭstarantoj jam povis prepari sian respondon – Régis Debray devis suferi teruran draŝadon. Bernard-Henry Lévy diris al li: Adiaŭ, Régis Debray, kaj tio samvaloris je ekskomunikado. Ĉar li "ne sekvis la relojn", la informilara maŝino ekfunkciis. Li estis akuzita – la granda vorto estis ellasita – pri reviziismo kaj negativismo. Patrick Canivez, docento en la universitato Charles de Gaulle-Lille 3, akuzis lin pri cinikismo kaj naiveco, kaj pro la fakto ke li dubigis pri la rakontoj rilate seksperfortojn, elpelojn, murdojn, ke li neis la krimon. Laŭdire li transdonis la mesaĝon kiun la serboj volis transsendi, li parolis pri temo pri kiu li havis evidente malmultajn informojn kaj ludis gravan rolon por la serboj, kiuj lin ricevis kaj protektis (Le Monde, la 16-an kaj 17-an de Majo 1999). Pierre Bayard kaj Jean-Louis Fournel, profesoroj en la universitato de Parizo-8, en la sama numero de Le Monde, akuzis Debray pri malsincereco, neado de la kruelaĵoj kaj pri reviziismo per hiperkritikismo. Ili diris, ke se oni konsentus kun li, oni sendube baldaŭ ricevus kun la plej granda suspekto la rakontojn de la virinoj kaj viroj forpelitaj kaj profunde intime vunditaj. Alain Joxe, studdirektoro en la Lernejo de altaj studoj pri sociaj sciencoj, skribis en Le Monde (la 14-an de Majo 1999): *Régis Debray elektis sian flankon, la flankon de Milošević.* Pierre Georges riproĉis al Régis Debray esti falsa ĵurnalisto[214]. Daniel Schneidermann lin akuzis vangofrapi de malproksime la rifuĝintojn[215]. La ekzekuta taĉmento en plena kompleteco povis mortpafi la "perfidulon"...

Ankaŭ en 2001, kiam la registaro de Usono decidis bombadi Afganion, la kontraŭstarantoj aŭ eĉ tiuj, kiuj hezitis, rapide suferis pri ostracismo. Tiel, kiam en la universitata urbo Berkeley en Kalifornio, kies urba konsilio, laŭ propono de Dora Spring, decidiĝis en Oktobro 2001 kontraŭ la bombadoj, tuj alvenis minacoj de morto, de seksperforto aŭ de bojkoto kontraŭ la urbo, devenantaj de entreprenoj, privatuloj kaj organizo[216]. Ankaŭ Barbara Lee, virino, demokrata, nigrula kaj sola membro de la Kongreso, kiu ne voĉdonis por la libereco donita al la prezidanto invadi Afganion, devis alfronti senĉesajn mortminacojn post la voĉdonado.

Ankaŭ en Aŭstralio, la boksisto Anthony Mundine multekoste pagis pro sia opozicio al la milito kontraŭ Afganio. Tiu aborigena ĉampiono partoprenis en la rekta televida elsendo *Ray Martin Show* en Channel 9, aŭstralia televido apartenanta al Rupert Murdoch. Li deklaris, ke la milito kontraŭ Afganio ne alportos solvon al terorismo kaj ke estas konjekteble, ke Usono ricevos kontraŭbaton pro ĝia konstanta agreso tra la planedo, kiam subite la elsendo estis interrompita pro "teknikaj kialoj". Mundine estis traktita kiel demono en la aŭstraliaj amaskomunikiloj kiel apoganto de Bin Laden kaj de la talibanoj, kaj la prezidanto de la Internacia Boksa Federacio, Joe

Dwyer, deklaris ke la komentoj de Mundine "mortigis lian karieron". Kelkajn tagojn poste, la Monda Boksa Konsilio sciigis la definitivan nuligon de lia internacia rango[217].

Dum la dua milito kontraŭ Irako, la amaskomunikiloj de la eŭropa kontinento estis tre prudentaj laŭ la ekzemplo de pluraj eŭropaj registaroj, sed en Usono tiu lasta principo de militpropagando estis efektive aplikita.

Mokado, ironio, aludoj al la persona vivo, minacoj ne mankis por misfamigi tiujn, kiuj hezitis aŭ kiuj kulpis pro rezisto al la nuna militema politiko.

En Februaro 2003, pro sia vojaĝo en Irako kaj siaj malfavoraj deklaroj pri la minacoj de G. W. Bush kontraŭ Irako, la aktoro Sean Penn estis publike ridingidita de la fama ĵurnalisto Bill O'Reilly en Fox News. Samtempe, *The Washington Post* anoncis sur sia unua paĝo ke unu el la inspektoroj senditaj en Irakon – kaj kiu rifuzis esti nur peono pretiganta militon – estris sadomasoĥisman klubon, kvankam tio apriore neniel havas rilaton kun lia honesteco en tiu misio.

La eŭropaj "disidentoj" estis prezentitaj de la usona gazetaro kiel perfiduloj kaj *The* Wall Street Journal insulte nomis prezidanton Jacques Chirac kiel perfidulaĉon kaj abomenindan prokuroron de Saddam[218], kaj rilate David Kelly, kiu ĉiam privilegiis la postulojn de vereco antaŭ tiuj de politiko, Bren Bradshaw, brita ministro pri mediprotektado kaj maro, nomis lin talpospiono (la 16-an de Julio 2003).

La usonaj "perfiduloj" kontraŭ la milito devis aĉeti, por esprimi sin en la gazetaro, reklamajn spacojn, kiel la senatoro Robert Byrd[219] aŭ doktoro Matthias Rath[220]. Pro siaj kritikoj pri la militaj preparoj kontraŭ Irako, la demokrata delegito en la Kongreso James Moran estis akuzita pri subfosado de la spiritostato de la usonaj trupoj kaj pri insidaj atakoj kontraŭ patriotismo[221]. Pro la samaj kialoj du novjorkaj artistoj estis arestitaj la 16-an de Februaro 2003, akuzitaj pri afiŝado sur la urbaj muroj de fotoj de simplaj loĝantoj de Bagdado[222]!

Eĉ la papo ne estis indulgita. Fidela al sia diplomata sinteno de neŭtraleco rilate la konflikton inter Rusio kaj Ukrainio, la ĉefpontifiko, post siaj deklaroj: *La milito inter Ukrainio kaj Rusio ne estas batalo inter "bonuloj" kaj "malbonuloj"*, estis devigita energie kontesti, ke li ne estas por Putin[223].

Saman okazaĵon spertis Jean-Luc Mélenchon, gvidanto de la maldekstra franca movado *La France Insoumise* (Nesubmetiĝema Francio), kiam li diris, en Aŭgusto 2022, ke la surpriza vizito en Tajvano de Nancy Pelosi, prezidanto de la usona Ĉambro de Reprezentantoj estas "provoko".

"*Por la francoj ekde 1965 kaj generalo De Gaulle ekzistas ununura Ĉinio*", baziĝante sur la difinita konduto de la franca diplomatio. "*Mi nur ripetis la ĉiaman doktrinon de nia lando (Francio, ni memorigu) depost 1965 pri Ĉinio*", skribis la politikisto, rimarkigante, ke "*tio estas ankaŭ konforma al la internaciaj interkonsentoj akceptitaj de nia lando kaj la membroj de la Unuiĝintaj Nacioj*", kaj ke "*Ĉinio kaj Usono devontigas sin al respekto de la nacia suvereneco kaj teritoria unueco de la alia[224]*".

Ne gravas, Mélenchon estis taksita kiel subtenanto de Ĉinio, amiko de diktaturoj…

En Belgio la federala deputito de la Partio de Laboro de Belgio, Nabil Boukili iĝis viktimo de la sama principo. Kvankam kondamninta la rusan militan intervenon kaj preciziginta, ke li havas nenian simpation por la ŝovinismo de Putin, lia kritiko pri la respondeco de Usono kaj NATO en la konflikto estis la kaŭzo de tiu komento de la belga Ĉefministro, Alexander De Croo: "*Ŝajnas ke Putin havas aliancanojn en ĉi tiu parlamento. Dum tia momento mi trovas tion aparte malkonvena. Hodiaŭ, ukrainaj civitanoj estas en mortodanĝero ĉar ili volas vivi en libera kaj demokrata lando. [...] NATO neniam estis minaco por Rusio[225].*"

Do estas pruvite, ke dum konflikto neniu rajtas laŭte demandi **kial okazas** la milito aŭ prononci sen "perfidi" la vorton "paco". La amaskomunikiloj dependas tiom strikte de la politikaj estraroj, ke ne eblas en delikata momento garantii veran plurismon. Certe ne estas dirite en la eǔropaj konstitucioj, ke la libereco de opinio devas esti nuligita dum milita periodo, sed fakte ĝi estas nuligita. Opinio larĝe disvastigita postulas, ke militokaze oni ĉiam evitu opozicion al sia registaro. La sankta unuiĝo estas nepre postulata.

Tamen, dum la militaj periodoj, kiam la registaraj eraroj povas okazigi la plej gravajn domaĝojn, libereco de opinio estu garantiita por malhelpi al la registaroj noci.

Ĉu, por ne esti rigardata kiel perfidulo, oni devas eviti ĉian opozicion? Ĉu oni ne povas estis **favora** al sia lando se ĝi pravas, sed esti **kontraǔ** ĝi se ĝi malpravas? Ĉu justeco kaj vereco ne postulas, ke oni defendu siajn malamikojn se oni akuzas ilin pri krimoj, kiujn ili ne faris? Eĉ se oni riskas esti akuzita pro ŝtatperfido...

De Lord Ponsonby ĝis Jamie Shea

Iuj legantoj povas eble opinii ke la principoj de la milita propagando, kiujn ni priskribis, estis efektive uzitaj antaŭe sed ne plu estas akceptitaj hodiaŭ kaj certe ne plu estos aplikitaj dum venonta konflikto. Tio supozigas, ke ni estas pli bone informitaj ol niaj prapatroj kaj tio estas malagnoski la universalan karakteron de tiuj principoj. Eĉ se tio ŝajnas al ni neebla, oni sen ia dubo denove proponos al ni la situacion de la "agreso", de la lukto de la Bono kontraŭ la Malbono kaj la demonan malamikan ĉefon. La inko de la erudiciuloj estos uzata por elverŝi la sangon de la martiroj. Kaj ni konsentos.

La priskriboj de la principoj de la militpropagando starigas sekve kelkajn fundamentajn demandojn:

– Ĉu ni estas tiel kredemaj kiel niaj antaŭuloj hieraŭ?

– Ĉu la uzo de tiuj principoj estas farata konscie?

– Ĉu gravas la vereco?

– Ĉu ankaŭ la sistema dubo ne entenas iujn riskojn?

Al la unua demando, mi respondas "jes sed".

"Jes", ni kredas hodiaŭ tiom da mensogoj kiom niaj antaŭuloj hieraŭ. La mensogo pri la kuvajtaj beboj elpelitaj el siaj inkubatoroj de la irakaj soldatoj almenaŭ valoras tiun de la belgaj beboj kun tranĉitaj manoj. Ĝi forprenis nian kompaton kaj estis kredita de larĝa publiko kun la sama voremo. Kun pli da voremo, eble, ĉar la komunikado iĝis sperta arto. Ĉar la konsento de la loĝantaro estas necesa por estigi kaj daŭrigi militon, la persvadaj metodoj pli delikatiĝis. La amaskomunikiloj, male al tio kion iuj proklamas[226], tute ne estas kontraŭdiraj dum milita periodo. Eĉ en "demokratio", estas fakta monopolo pri produkto kaj disvolviĝo de la informoj kaj imagoj, kiuj lasas nenian elektindan lokon al kontraŭaj bildoj aŭ al eblaj kontraŭaj diroj.

La kreado de komuna hipnota stato, en kiu ni trovas nin en la virta flanko de la insultita Bono, respondas sendube al patologia bezono. Ni ŝatas kredigi (al ni mem kaj al la aliaj), ke ni partoprenas en kavalireca operaco, je la nomo de la Bono kontraŭ la Malbono. Oni persvadas sin esti honesta, oni forĝas volonte por si senkulpigantan ideologion.

La aktualaj teknologioj "por kredigi" kondukas nin hodiaŭ multe pli for en tiun kolektivan revon ol Goebbels kapablis fari. Humuristo diris: *Hodiaŭ, la homoj ne kredas al iu ajn stultaĵo, nur al tiuj kiujn ili vidis en televido*[227].

Kaj se iuj estas duonkonsciaj pri la misuzo de sia kredemo per la amaskomunikiloj, ili komprenas, ke oni trompis ilin sed ne konsentas agnoski tion!

"Sed"...

Tamen, la kredemo ne plu tute similas kiel antaŭe. La skeptikismo ankaŭ estas reale influhava en la mondo, kiu ĉirkaŭas nin, fronte al religiaj, militaj aŭ politikaj aŭtoritatoj. Eble en la estonteco ĝi povos ataki la amaskomunikilan kredemon. Oni povas esperi, ke la sperto de la pasintaj mensogoj naskos plikritikan mensostaton. Tie troviĝas nia espero, tiu de tiuj, kiuj provas eduki la publikon pri la lingvaĵo de la amaskomunikiloj, kaj la senco de la klopodo de ĉi tiu libro.

Al la demando ĉu la uzado de la principoj de Ponsonby en la aktualaj konfliktoj estis pripensita aŭ estis la rezulto de hazardo, mi ne havas precizan respondon. Bérénice, mia dek du jaraĝa filino, vidante min prepari ĉi tiun libron, estas tiu, kiu faris al mi tiun demandon samtempe naivan kaj trafan. Ĉu ŝi imagis la laborantajn falsistojn tajpantaj sur siaj komputiloj "informojn" rekte elvenantajn el la dek principoj de Ponsonby, kiujn ili kroĉis antaŭ si, aŭ malkontentaj ĉar ili ne sukcesis uzi tiujn en siaj tagaj mensogoj? Tiu klara bildo entenas la tutmondan hipotezon de granda komploto, al kiu mi ne aliĝas sed la profesiigo de la komunikado estas tiom granda hodiaŭ, ke oni ne povas imagi ekzemple, ke la proparolanto de NATO, dum la aera milito kontraŭ Jugoslavio ne konis tiujn principojn.

Efektive, Jamie Shea ne estas iu ajn. Tiu specialisto pri propagando obtenis postlicencian diplomon de la fakultato Lincoln en la universitato Oxford (Anglio) dank' al disertaĵo precize pri... la francaj intelektuloj kaj la Unua Mondmilito[228]. Do li bone konis la uzindajn rimedojn. Kaj la filtroj de la amaskomunikiloj funkcias por elekti la ĵurnalistojn plej efikajn por transdoni la deziratan mesaĝon.

Krome, la dek elementaj principoj de milita propagando ne estis uzataj en simetria maniero en ĉiuj konfliktoj.

Rilate la freŝdatajn militojn kontraŭ Afganio kaj Irako, se oni povas aserti ke ĉiuj klasikaj principoj estis uzitaj de la propagando, kelkaj estis nur akcesoraj dum aliaj estis vere en la koro de la propagando.

Tiel, pri la atako de la printempo 2003 kontraŭ Irako, ĝi estis larĝe preparita en publika opinio disvolviĝante la sesan principon laŭ kiu niaj malamikoj uzas malpermesitajn armilojn. En tiu preciza kazo, Irako eĉ ne estis akuzita uzi tiujn amasdetruajn armilojn sed nur ilin *posedi* kaj tiuj armiloj de hipoteza amasdetruo estigos la ĉefan pravecon de la milito. La aliaj principoj estis ĉiuj uzataj sed kiel komplementoj kaj akompanoj de tio kio estis la ĉefa – kaj trompa – preteksto de la milito.

Oni vidis tiel ofte en la historio, "informojn", kiuj mobilizis la batalemulojn, esti poste malkonfirmitaj sen krei tumultojn, ke oni povas demandi sin, ĉu la vero havas pri tio ajnan gravecon.

Malfido ne nepre kondukas al vero. Ekzistas certe "veraĵoj nescieblaj" pro la naturo de la faktoj aŭ pro niaj esploraj iloj. Kompreneble, nia nescio de la vero ne signifas, ke ĝi ne ekzistas. Ĉu 200 000 aŭ 20 000 homoj mortis en Bosnio? Ĉu estis 1 500 aŭ 45 000 alĝeriaj viktimoj en Setif en 1945 de la franca armeo? Se la taksado de la nombro de viktimoj de la serboj en Kosovo variis inter 500 000 kaj 2 500, tio, certe, ne signifas ke la nombro de tiuj mortoj ne estas datumo reala kaj objektiva. Tamen strange, tiuj kiuj ĉefe insistis pri la nombro de viktimoj kiam oni nenion povis scii kaj kiam oni timis atingi centojn da miloj de viktimoj, decidas, kiam oni fine havas seriozajn datumojn por taksi ilin, ke la nombroj, finfine, estas sensignifaj kaj neinteresaj...

Estus ankaŭ naive imagi, ke sufiĉas kompari la du versiojn por malkovri meze la veron. "*In medio stat virtus*" (meze troviĝas la virto) ne estas sentenco uzebla por la historia vereco.

Povas ja okazi, ke oni mensogas nur en unu el la du flankoj kaj ke unu el la du estas reale agresita sen deziro militi, sed la juĝo difinanta **kiu** estas la agresanto kaj **kiu** estas la agresito estas aparte delikata.

Ĉu tio vere ŝanĝas la situacion? Mensogoj, eĉ virtaj, restas mensogoj kaj tio evidente ŝanĝas la konon de la vero. Kaj se oni kredas ke tio tute ne gravas, oni devas demandi sin kial oni elpensis tiujn falsaĵojn se ili vere ne gravas en la kreado de la interkonsento nepre necesa por ekmiliti kaj poste daŭrigi la militon.

La kvara demando ("Ĉu sistema dubo ne entenas kelkajn riskojn?") kondukas nin al la danĝeroj de la relativismo. Ĉar ili ĉiuj sammaniere parolas kaj uzas la samajn argumentojn, ĉu oni devas ĉiujn ilin ĵeti en la saman poton?

Ni bone komprenis ke la plejmulto de la komunikistoj mensogas, tamen oni esperas, ke nia kazo malsimilas. Ni, kiuj estas demokratoj, altruistoj (male al la aliaj, kiuj nomas sin altruistoj sen esti tiaj), defendantoj de la homaj rajtoj, ni – escepte – estus malsimilaj kaj ni ne mensogus, almenaŭ ne ĉi tiun fojon.

Ni ne mensogas, ni militas vere por bonaj kialoj...

Reale, se la aĉuloj uzas, por persvadi bravulojn, la lingvaĵojn kiujn tiuj deziras aŭdi, tio eble okazas ĉar la altruistaj argumentoj respondas al universalaj principoj de la moralo. Eĉ la plej abomenindaj entreprenoj tiamaniere vestiĝas per noblaj motivadoj de morala idealismo, kiun la publiko atendas, persvadante sin pri la plenrajteco de tiuj entreprenoj.

Sed similaj frazoj ("Ni ekkuras por sekurigi la persekutan loĝantaron") povas maski tre malsimilajn realaĵojn. Evidente ne egalvaloras uzi por siaj celoj realajn persekutojn aŭ elpensi ilin kiel alibion. Uzi la masakrojn havas alian naturon ol ilian neekziston, sed ne estas facile determini la realecon tra la vortoj.

Kaj pri la problemo scii, kiuj estas la danĝeroj de hiperkritiko, certe oni povas rimarki, ke troa singardemo povas paralizi ĉian agadon kaj ke la agado havas kelkfoje vivnecesan urĝon. Tiel Joël Kotek opinias, ke la angloj-usonanoj estis tre skeptikaj, dum la Dua Mondmilito, rilate informojn pri la naziaj krimoj en la koncentrejoj, ĉar jam trompitaj per la mensogoj de la brita propagando pri la germanaj krimoj en 1914-1918[229].

Sed ĝenerale, ni multe ŝatas, ke estas skeptikuloj en la vicoj de niaj malamikoj sed ne en niaj. Tamen la hiperkritiko – eĉ se ĝi povas produkti afliktajn stultaĵojn kiel reviziismon – nombras malmultajn mortintojn en sia konscienco kaj tro da skeptikismo ŝajnas laŭ mi estigi malpli da tragikaj konsekvencoj ol la blinda kredemo. La sistema dubo ŝajnas fine al mi la plej bona kontraŭveneno al la hejma veneno kiun ĉiutage ellasas al ni amaskomunikiloj, dum internaciaj militoj, aŭ ideologiaj konfliktoj, aŭ sociaj konfliktoj.

Ankaŭ en tiu lasta kazo, oni provos persvadi sin, kaj kun ĉiuj iloj precizigitaj en la priskribo de Ponsonby ("La malamika ĉefo havas la vizaĝon de la diablo"), ke la sindikatestroj, se ili estras movadon disiĝantan de la administra sindikatismo, estas la plej malbonaj sangavidaj monstroj. La amasinformiloj priskribos ilin kiel provokistojn, agitistojn, manipulantojn, demagogojn, aventuristojn, guruojn, mafiulojn, krimulojn, konspirantojn, teroristojn... Kaj ili kunigos al ili la kvalifikojn la plej malenviindajn: *intelekte limigita, kruda, des-*

pota, perfortema, tirana, nerespondeca[230]... Estas necese por ni dubi. Egalmaniere en situacio de varma, malvarma aŭ varmeta milito...

Notoj

1 La libro havis du versiojn. La unua kun 727 paĝoj (*Témoins. Essai d'analyse et de critique des souvenirs des combattants édités en français de 1945 à 1928*), Parizo 1929, okazigis tre viglajn reagojn (pozitivajn aŭ negativajn) kiam ĝi estis eldonita. Ĝin sekvis poŝlibra versio eldonita en 1930 de Gallimard kaj nomita: *Du témoignage*. La verko de Norton Cru estis la temo de kolokvo en la Muzeo de Armeo de Bruselo je la fino de la jaro 1999. La aktoj estis eldonitaj kun la titolo *Sur les traces de Jean Norton Cru* (Madeleine FRÉDÉRIC kaj Patrick LEFÈVRE), Reĝa Muzeo de Armeo, Bruselo, 2000.

2 Eldono Allen and Unwin, Londono, 1928. La verko estas tradukita en la francan kun la titolo *Les faussaires à l'œuvre en temps de guerre*. Ĉar ĝi denuncis ĉefe la falsajn aliancanojn pri kiuj la aŭtoro obtenis informojn. Tiu libro, kiu certe povis plaĉi al la germanoj, estis eldonita en Bruselo en 1941. Tio longtempe donis al la libro reputacion, malĝustan, de kunlaborado-verko.

3 Morel, ekzemple, estis enkarcerigita kaj plenumis ses monatojn de *hard labour*.

4 DEMARTIAL (G.), *La guerre de 1914. Comment on mobilisa les consciences*, UDC Éditions des Cahiers internationaux, Rome-Paris-Genève, 1922.

5 Pri Arthur Ponsonby, oni konsultos utile JOSEPHSON (H.), *Biographical Dictionary of Modern Peace Leaders*, Greenwood Press, Londono, 1985, paĝoj 760 kaj sekvantaj.

6 Oni trovas tiujn tekstojn en *America Chooses! In the Words of President Roosevelt (June 1940-June 1941)*, prezentita de BECKLES (G.) (pseŭdonimo), Harrap, Londono, 1941 p. 23

7 *Le Livre jaune français. Documents diplomatiques 1938-1939, pièces relatives aux événements et aux négociations qui ont précédé l'ouverture des hostilités entre l'Allemagne d'une part, la Pologne, la Grande-Bretagne et la France d'autre part*, publikigita de la ministerio de la francaj eksterlandaj aferoj, Imprimerie nationale (Eldono nacia), Parizo, 1939.

8 Letero de S-ro Coulondre, ambasadoro de Francio en Berlino, al Georges Bonnet, franca ministro pri eksterlandaj aferoj, 23-an de Novembro 1938 en *Livre jaune*, p. 38. Evidente oni povas rebati, ke Hitler tiumomente strebis trankviligi Francion por havi la manojn liberajn en centra Eŭropo.

9 Korespondaĵo de la Ambasadoro de Germanio en Parizo al la franca ministro pri eksterlandaj aferoj, la 15-an de Marto 1939 (*Livre jaune*, p. 89).

10 Letero de la misiisto de Francio en Berlino al la ministro pri eksterlandaj aferoj la 6-an de Aprilo 1939, en *Livre jaune* p. 126.

11 *Livre jaune* p. 264, la 10-an de Aŭgusto 1939, letero de la franca misiisto en Berlino de Saint Hardouin al Georges Bonnet.

12 *Livre jaune*, p. 416. Efektive li faris ĉion, kio eblis por prokrasti la ekmiliton, aparte ĉar la neprepariĝo franca, laŭ milita vidpunkto, estis evidenta.

13 *Le Figaro*, 30-an de Januaro 2020.

14 Tiu itala kontraŭfaŝista pastro, fondinto de la itala popola Partio, interalie skribis

verkon pri la internacia komunumo kaj la milita juro. En 1929 estigis anglan version, francan en 1931 kaj italan (*La comunità internazionale e il diritto di guerra*, Zaniĉelli, Bologna) en 1954.

15   DEMARTIAL (G.) p. 38.

16   DEMARTIAL (G.) p. 39.

17   MONNIOT (P.) *Les États-Unis et la neutralité de 1939 à 1941*, Parizo, 1946, p. 6-7. La prezidanto Wilson estis elektita pro sia izolismo, sed la torpedadoj de *Lusitania* kaj poste tiu de *Arabic* donos al li la pretekston eniri en la konflikton. Tio estos tre profitodona por la ekonomio kaj la entreprenoj de lia lando.

18   Oni trovas la tekston de la traktato de Versajlo, subskribita la 28-an de Junio 1919, en LE FUR (L.) kaj CHKLAVER (G.), *Recueil de textes de droit international public*, Parizo, 1934, paĝoj 297 kaj sekvantaj.

19   Pri la teksto de la interkonsentoj de Lokarno subskribitaj la 16-an de Oktobro 1925, konsultu LE FUR (L.) kaj LE FUR (G.). Je la paĝoj 879-880 oni trovas ankaŭ la traktaton kunligantan Francion kaj Pollandon. Per la unua artikolo, ili sin devontigas pri helpo kaj asistado se la armiloj estas uzataj. La 4-a artikolo (p. 880) antaŭvidas, ke tiu traktato daŭros kun la samaj kondiĉoj kiel la interkonsentoj de Lokarno subskribitaj samtage.

20   La apartigo de la ĉeĥoj kaj slovakoj en la jaroj 1990, prezentita kiel fatalaĵo, povas esti prezentita de la germanoj kiel "fina" venko de tiu tezo.

21   Teksto transdonita en Parizo de la ambasadoro de Francio en Londono la 30-an de Aŭgusto 1939, *Livre jaune*, p. 355.

22   Deklaro de von Ribbentrop al M-sro Tiso, ĉefo de la slovaka registaro, la 5-an de Aprilo 1939, *Livre jaune*, p. 126.

23   Parolado de Hitler en MONNIOT (P.), p. 355.

24   *La Libre Belgique*, 1-an de Novembro 2010. La artikolo rakontas la eldonon de libro de la historiisto Marc Ferro, en kiu oni povas legi tiun frazon: "Paroli pri surprizo pri Pearl Harbor estas komedio."

25   Vidu ekzemple CHALIAN (G.) kaj RAGEAU (J.-P.), *Atlas stratégique-géopolitique des rapports de force dans le monde*, Éd. Complexe, 1988, p. 12 kaj 44.

26   Artikolo de LELLOUCHE (P.) titolita "Au danger nucléaire succède la menace bactériologique et chimique, le fléau du XXIe siècle. Enquête en Russie. Les savants fous de la guerre biologique", en *Paris Match*, la 20-an de Julio 2000, paĝoj 103 ĝis 107.

27   Seminario de politikaj sciencoj en la Libera Universitato de Bruselo, la 30-an de Novembro 1999 ("Politikaj kaj administraj belgaj demandoj").

28   La artikolo 35 de la franca Konstitucio, ekzemple, estas klara pri tio: "La militdeklaro estas rajtigita de la parlamento".

29   Dek kvin tagojn antaŭ la milito, oficiala raporto de la germana ministerio pri eksterlandaj aferoj, estrita de la Verdulo Jochka Fischer, certigis: *Ne estas etnaj persekutoj kontraŭ la albanoj kiel grupo. Nur bataloj inter du armeoj.*

30   *Le Soir*, la 2-an de Aŭgusto 2000, artikolo de COLLETTE (J.-P.): "Il y a dix ans, l'Irak violait le Koweit et le droit".

31   Por tiuj kiuj jam legis la proponojn de Rambouillet – sed ili estis konigitaj al la

publiko multe poste la komenco de la milito – estis evidente, ke tiuj proponoj estis ne akcepteblaj por Jugoslavio ĉar ili antaŭpensis la armean okupadon de la lando per la armeoj de NATO.

32 Intervjuo publikigita de *La Libre Belgique* la 4-an de Aprilo 2003.

33 Mesaĝo al la irakoj ĉe la malnova ŝtata televido, publikigita de *Le Figaro* la 11-an de Aprilo 2003.

34 *Le Soir*, la 1-an de Oktobro 2001.

35 La ĝenerala direktoro de la internacia Agentejo pri atomenergio, ekde Marto 2003, konkludis, ke la dokumentoj estis falsaj. (*La Libre Belgique*, la 11-an de Marto 2003).

36 *Le Soir*, la 27-an de Marto 2003.

37 Niccolo Machiavelli, *Istorie florentine, libro settimo*, ĉap. 16. Mi mem tradukis.

38 Oni povas vidi en la memormonumento Prince Charles de Raversijde foton faritan en 1913 de la reĝino Elizabeta, kiu prezentas la imperiestron Francisko-Ferdinando en amika kompanio kun la reĝo Alberto en la belgaj dunoj.

39 Citita de Arthur Ponsonby.

40 Tiuj ekzemploj pri la brita ŝanĝo de opinio rilate la Kaiser elvenas el la verko de Arthur Ponsonby. La usona pasaĝerŝipo *Lusitania* estis sinkigita de la germanoj, okazigante inter ĝiaj pasaĝeroj multajn viktimojn. La Aliancanoj certigis, ke tiu estis nur civila ŝipo sed poste riveliĝis ke la ŝipo estis registrita kiel helpa milita krozisto kaj transportis, samtempe kiel ĝiajn pasaĝerojn, 4700 kestojn da municioj. Por la germanoj, tute ne temis pri pirata agado: la Aliancanoj uzis la pasaĝerojn kiel "homajn ŝildojn".

41 Pri la traktato de Versajlo, vidu LE FUR (L.) kaj CHKLAVER, verko citita, paĝoj 297 kaj sekvantaj.

42 Interkonsentoj subskribitaj en Parizo la 14-an de Decembro 1995 kun Tudjmam kaj Izetbegovic.

43 Kelkaj mirigus nin, ĉar, kontraŭe al tio, kion oni certigas okcidente, tiuj diskur-soj kaj skribaĵoj konsilas la preterpason de la interetnaj konfliktoj kaj laŭdas Jugoslavion kiel pluretnan komunumon.

44 Ŝiaj gepatroj, fakte, devis havi aliajn zorgojn en ŝia juna infaneco ĉar ŝia patrino, komunista rezistanto, estis torturita kaj mortigita de tiuj, kiuj apogis la naziojn.

45 *Le Monde*, la 27-an de Marto 1999, "Kosovo : en cas d'échec". Pierre Hassner estas direktoro de la esploroj en la centro de internaciaj studoj kaj esploroj (Ceri).

46 Artikolo de Vincent Hugeux, "La terreur Mugabe", *Le Vif-L'Express*, la 4-an de Majo 2000.

47 Estas la titolo de artikolo de *USA today* de la 2-a de Oktobro 2002.

48 Mi povis komenti tiun sekvencon ĉe la franca televido dum la elsendo *Arrêt sur image*.

49 La foto estas obtenebla en *The National Security Archive*.

50 *Le Monde*, la 14-an de Januaro 2002.

51 Por la ĉeno al-Arabiya (*Le Figaro* de la 28/29-a de Junio 2003).

52 Pri ilia demonigo, vidu artikolon de *Le Figaro* (3-an de Aprilo 2003) titolitan "Les héritiers du mal", kiu akuzas Oudaï pro la fakto ke li mortigis per bastonbatoj tiun

kiu prezentis al Saddam Hussein la virinon kiu estiĝos lia amorantino, por venĝi la honoron de sia patrino. La ilustradofoto publikigita je lia morto, prezentas lin – kaj tio tute ne estas hazardo – fumantan longan cigaron.

53 *La Voix du Nord*, la 4-an de Aprilo 2022.

54 *Le Figaro*, la 17-an de Marto 2022, pri la libro de Patrick Weil, *Le président est-il devenu fou ?*, Grasset 2022.

55 Eĉ se, iafoje, kiel en la milito de NATO kontraŭ Jugoslavio, ĝi preterignoris tiun "formalaĵon" antaŭviditan per la Konstitucio, kiel tio okazis en Francio.

56 La Aliancanoj prunteprenis dek unu miliardojn da dolaroj al Usono dum la Unua Mondmilito kaj Usono sciigis al ili post la milito, tute logike, ke ili intencis obteni repagon. Strange, la reparacioj postulataj de la Aliancanoj al Germanio kongruis... kun la sama sumo!

57 Temas pri la artikoloj 7 (alineoj 1, 3 kaj 4) kaj 8 (alineo 2). Per la 1-a artikolo, la subskribintaj landoj (kaj do Ĉeĥoslovakio) sin devontigis pri la punkto ke neniu nacia leĝo aŭ reglamento ne malobservu tiujn garantiojn. Per la teksto de la traktato de Saint-Germain, traktato de paco, subskribita kun Aŭstrio la 10-an de Septembro 1919, vidu LE FUR (L.) kaj CHKVALER (G.), verko citita, paĝoj 537 kaj sekvantaj. Oni legos ankaŭ en la traktato de Versajlo (artikoloj 81 ĝis 86) la paĝojn 345 al 348, kiuj temas pri Ĉeĥoslovakio kaj aparte malpermesas al la germanoj loĝantaj en Ĉeĥoslovakio konservi sian germanan identecon, sub la minaco esti elpelitaj el la lando.

58 Aparte per la leĝoj de la 20-a de Februaro 1920 kaj de la 23-a de Marto 1923 pri la uzado de la lingvoj en la administracio, la tribunaloj, la komerco.

59 Pri Dancigo, ekzemple, nur escepte oni aludis la fundamentan gravecon de la haveno rilate la cerealajn eksportaĵojn de Pollando.

60 Pri la ekonomiaj interesoj koncernitaj (kaj prisilentitaj de la propagando) dum la Dua Mondmilito, oni trovos kelkajn ekzemplojn en PAUWELS (J.) *Le mythe de la bonne guerre*, Aden, Bruselo 2005.

61 Vidu MONNIOT (P.), verko citita, paĝoj 116 ĝis 121.

62 Mesaĝo skribita al la Kongreso en Aŭgusto 1940, sed publikigita la 3-an de Septembro, pri la "transdono" al Britio de kvindek usonaj destrojeroj (kontraŭ-torpedoŝipoj) "over-age". Vidu *America Chooses!*, verko citita, p. 28-29.

63 Pri la prunto-kontrakto, vidu Stettinius (Edward Reilly), Le prêt-bail, arme de la victoire : origine et développement de la loi de prêt location. Éditions Transatlantiques, Novjorko, 1944.

64 Se, male, la heroinoŝakristoj estas niaj politikaj kunhelpantoj, kiel tio okazis por grupoj de la UCK albana, oni facile pardonas al ili tiun negravan malbonaĵon. Legu la artikolon de INCIYAN (Erich) "Les réseaux albanais de l'héroïne, la propagande de Belgrade contre l'UCK et la réalité", *Le Monde*, la 4-an kaj 5-an de Aprilo 1999.

65 Laŭ Jiří Dienstbier, pli ol tricent mil inter ili estus forpelitaj perforte el la provinco post la milito.

66 Ĝia ekonomio estis large miksa kaj malfermita al la privata sektoro ekde tre longe.

67 *The Washington Post*, la 13-an de Aprilo 1999, citita de COLLON (M.) *Monopoly – L'Otan*

à la conquête du monde, EPO, Berchem, 1999, paĝo 92.

68 Deklaro dum la elsendo "Argent public", France 2, dimanĉon la 2-an de Majo 1999, citita de HALIMI (Serge), *L'opinion ça se travaille,* Agone, Marseille, 2000, paĝo 68.

69 Vidu *Le Monde* de la 20-a de Julio 1999, "L'usine d'automobiles Zastava intéresse Daewoo".

70 *Le Soir,* la 25-an de Februaro 2002.

71 Deklaro ĉe la iraka televido (*Le Figaro,* la 11-an de Aprilo 2003).

72 *Alternatives Économiques,* "La guerre en Ukraine, une bonne affaire pour le gaz américain" (Milito en Ukrainio, bona negoco por la usona gaso), la 21-an de Junio 2022.

73 En *Le Monde comme il va, vision de Babouc* en *Œuvres complètes* (kompletaj verkoj) de Voltaire, tomo 8, Parizo 1876, paĝo 317.

74 Vidu HORNE (J.) "Les mains coupées : 'Atrocités allemandes' et opinion française en 1914", en *Guerres et cultures,* 1914-1918, Eldonejoj J. J. Becker, Parizo, Armand Colin, paĝoj 133 ĝis 146 kaj en la sama kolektiva verko la artikolon de KRAMER (A.) "Les atrocités allemandes : mythologie populaire, propagande et manipulations dans l'armée allemande".

75 *Tragedy of Lord Kitchener* (1920), citita de Georges Demartial, citita verko. paĝo 58.

76 TASSIER (S.), *La Belgique et l'entrée en guerre des États-Unis, 1914-1917,* La Renaissance du Livre, Bruselo 1951.

77 Temas aparte plenigi de nutraĵoj per faruno kaj kondensita lakto ŝipon, kiun propaganda afiŝo montras al ni, atendita je ĝia alveno de belgaj infanetoj. Sed knabineto forprenita de soldato kun pintokasko estis ankaŭ uzita sur afiŝo por la kvara usona militoprunto.

78 Francesco Saverio NITTI, *Scritti politici,* vol VI, *Rivelazioni,* Bari, 1963.

79 Vidu ekzemple *Le Journal* de la 10-a de Decembro 1914, kiu kolektis en unu rakonto ĉiujn tiujn temojn. La germana soldato foriris krome trinkanta la lakton el la suĉbotelo de la suĉinfano, al kiu li tuj tranĉis la gorĝon, sub la ekridoj de siaj kamaradoj.

80 Georges Duhamel citis kolekton de atestoj publikigitan en 1915 de la aŭstria ministerio de Fremdaj aferoj, verkon de la majoro Stupnagel, *Livre noir* publikigita de la asocio Richard Wagner por Norda Germanio.

81 Ĝi troviĝas kiel faksimilo en la verko de BOUCHARD (R.) *Les secrets du GOG (Grand Quartier Géneral),* Éditions de France, Parizo, 1936, paĝo 72.

82 S-ino Weber, kies kazo estis raportita en *Le Matin,* 15-an de Oktobro 1914.

83 *La Vague,* 18-an de Novembro 1920.

84 Verŝajne pli ol dudek mil virinoj kaj infanoj mortis tie kaj la mortoprocento atingis pli ol 50 %.

85 Oni forte suspektas hodiaŭ, ke tiu plano nomita "Hufofero" neniam ekzistis.

86 *Le Soir,* de la 28-a de Marto ĝis la 2-a de Aprilo 1999. La belga ĵurnalo sciigis, ke la domo de Ibrahim Rugova estis incendiita kaj ke li sin kaŝas. Lia ĉefa konsilanto, Fehmi Agani, kaj kvin aliaj albanaj eminentuloj estis murditaj de la serba armeo. La informo estis malkonfirmita post kelkaj tagoj...

87 La raporto de la jurkuracistoj konkludis, ke ĉiuj kadavroj estis atingitaj de kugloj

pafitaj de malproksime kaj ke la supozaj kripligoj estis fakte mordovundoj faritaj per vagaj hundoj al la kadavroj antaŭ ilia entombigo. La fina raporto de la finlandaj ekspertoj kontestis ankaŭ, ke temis pri masakro de civiluloj, kies vizaĝoj estis memvole difektitaj post ilia morto. Sed *Le Vif-L'Express*, en sia resumiga numero pri la milito de Jugoslavio (Vincent Hugeux, la 19-25-an de Januaro) sajnigis ignori tiujn konkludojn kaj ankoraŭ parolis, aliparte, pri serba obuso sur la merkato de Markale en Sarajevo.

88   Kvar mil viktimoj, dispartigitaj en pli ol ok cent amastombejoj, skribis *Le Soir* de la 22-a de Novembro 2000. Tio signifas malpli ol kvin mortoj en ĉiu "amastombejo"!

89   Vidu la deklarojn en Aŭgusto de 2000 de Paul Risley, proparolanto de la puna internacia tribunalo de Hago, anoncantajn konkludan sumon de viktimoj inter sendube du kaj tri mil. (*The Guardian* la 18-an de Aŭgusto 2000, *Le Soir*, la 22-an de Novembro 2000, *Le Monde* la 19-an de Aŭgusto 2000). Tiu oficiala konto, ĉar ĝi malkonfirmas la ciferojn publikigitajn dum la komenco de la bombadoj, okazigis novan teoriumadon de seniluziigitaj propagandistoj. La diferenco inter la ciferoj laŭ ili devenas de la bruligitaj korpoj en la kremaciejo de Trepca... Tiu hipotezo, kiu elvokas la rememorigon de la holokaŭsto, estis nekontesteble malkonfirmita de OSCE, kiu esplorigis vane per francaj scienculoj, ekipitaj de rafinita materialo, iun ajn postsignojn de homaj restajoj. Tamen ĝi reaperis periode kaj aparte en Januaro 2001 por fari premon sur Kostunica, por ke li liveru Milošević.

90   Vidu pri tiu temo la raportojn de OSCE. Funde esplorita studo de tiuj raportoj estis publikigita de Diana Johnstone, usona ĵurnalisto, kiu estis komisiita pri gazetaro por la grupo de la Verduloj en la eŭropa Parlamento de 1990 ĝis 1996, en *Balkansinfos* n. 42, Marto 2000. Oni ankaŭ utile konsultu la ateston de la sola okcidenta ĵurnalisto ĉeestanta en Kosovo, Paul Watson, kanada korespondanto de *Los Angeles Times* (*International Herald Tribune* de la 23-a de Junio 1999, republikigita de *Le Monde* de la 26-a de Junio 1999). Li konkludis, ke la aera milito de NATO venenis la intercivitanan militon kaj *okazigis reprezaliojn kontraŭ la plej proksima kaj la plej senproviza celo: la kosovanoj albanadevenaj kiujn NATO venis savi.*

91   *Le Nouvel Observateur*, la 1-an de Julio 1999, citita de HALIMI (S.), verko citita, paĝoj 21-22.

92   La rakonto de Nancy Durham estis publikigita en la numero Oktobro 1999 de la revuo *Brill's Content*.

93   *Human Rights Watch* taksas je ĉirkaŭ kvincent la forpasoj de jugoslaviaj civilaj viktimoj de la bombadoj de NATO (*Le Monde*, la 10-an de Februaro 2000), la jugolaviaj registaroj je kvin mil.

94   Vidu HALIMI (S.) kaj VIDAL (D.) *L'opinion ça se travaille. Les médias, l'Otan et la guerre du Kosovo*, Agone Éditeur, Marsejlo, 2000, paĝo 72.

95   France Inter, la 16-an de Aprilo 1999, citita de *L'opinion ça se travaille*, verko citita, paĝo 75.

96   Mi memoras aparte, inter multaj aliaj, flegistinon amputitan post la bombado de ŝia malsanulejo en Niç, serban knabineton, kiu, antaŭ siaj okuloj, vidis mortigi per misilo de NATO, sian onklon, sian avon kaj sian hundon!

97 La bildoj sur kiuj la generalo Wesley Clark, ĉefa komandanto de la fortoj de NATO en Eŭropo, apogis sin por klarigi tiun misagon al la informilaro en Aprilo 1999, pasis je trifoje pli rapide ol la normala rapideco (*Le Monde*, la 8-an de Januaro 2000). La "okazaĵo" estigis dek kvar mortojn.

98 Jiří Dienstbier, raportanto de la Unuiĝintaj Nacioj por la homaj rajtoj, estis ĉeĥa ministro por ekterlandaj aferoj en la registaro de Vaclav Havel. Lia raporto konkludas, ke la okupado de Kosovo fare de NATO ne solvis la humanajn problemojn, kiuj ekzistis sed multobligis ilin.

99 Numero de la 21-a de Majo 1999.

100 *Nato crimes in Yugoslavia – Documentary Evidence*, vol. I, Majo 1999 (pri la eventoj de la 24-a de Marto ĝis la 24-a de Aprilo), vol. II, Julio 1999 (pri la eventoj de la 25-a de Aprilo ĝis la 10-a de Junio).

101 *Day of Terror in Presence of the international Forces.*

102 *Le Soir,* la 30-an de Aŭgusto 2000.

103 LILLY (J.R.) *La face cachée des G.I.'s.*, Payot, 2003.

104 *La Libre Belgique*, la 11-an de Marto 2003, parolanta pri la kvin mil okcidentaj soldatoj ĉeestantaj en la afgana ĉefurbo.

105 Sed la vorto havas hodiaŭ tiel apartan kuntekstan sencon, ke *La Libre Belgique* titole uzas ĝin kun citiloj (la 2-an de Aprilo 2003).

106 *La Libre Belgique*, la 2-an de Arilo 2003.

107 *La Libre Belgique*, la 2-an de Majo 2003.

108 La 19-an de Junio 2003.

109 *Le Monde*, la 6-an de Aŭgusto 2022.

110 Traktato de la 6-a de Februaro 1933 pri la uzado de la submarŝipoj kaj mortigaj gasoj en milita periodo, kies teksto estas publikigita en LE FUR (L.) kaj CHKLAVER (G.), *Recueil de textes*, verko citita, paĝoj 711 kaj sekvantaj.

111 Vidu *Livre jaune* (verko citita), paĝoj 414-415.

112 Sed en la insulo Okunoshima, la japanoj produktis, antaŭ kaj dum la Dua Mondmilito, milojn da tunoj de toksika gaso, kiun ili uzis kontraŭ la ĉinoj.

113 *America Chooses!*, (verko citita), paĝoj 129 ĝis 132.

114 Punkto pri tiuj problemoj estis realigita dum la kolokvo kiu okazis en Mons 1995: "Hiroshima sans amour". La tekstoj estis publikigitaj en la n. 252 (Novembro-Decembro 1995, paĝoj 301 ĝis 374) de la revuo *Socialisme*.

115 La hipotezo estas nun malmulte kredebla por Ĉinio kaj Norda Koreo...

116 La organizo *Human Rights Watch*, je la fino de enketo farita surloke, taksis, komence de la jaro 2000, je minimumo de kvincent la civilaj viktimoj per la bombadoj de la aliancanoj sur Jugoslavion kaj akuzis la uzon per la bombaviadiloj de fragmentigitaj bomboj, konkludante ke la atlantika alianco ne respektis la internacian rajton pri la uzado de armiloj kiuj senutile pligravigas la suferojn de la loĝantaroj (Jacques Isnard en *Le Monde* de la 10-a de Februaro 2000).

117 Letero sendita al la Organizo de la Unuiĝintaj Nacioj de Geoges Robertson, ĝenerala sekretario de la atlantika alianco kaj publikigita en *Le Monde* de la 24-a de Marto 2000.

118 Du dokumentoj estis aparte suspektaj, inter ili letero de la niĝera prezidanto kiu referencis al siaj povoj laŭ la Konstitucio de 1965, kvankam tiu ĉi ne plu validis ekde kvar jaroj. Krome, la subskribo de la ŝtatestro estis videble imitita. Alia letero rilate uranion, kun la dato de Oktobro 2000, estis supozita deveni el la ministro de eksterlandaj aferoj Alle Elhadj Habibou, kiu ne plu oficis ekde... 1999. Ĝi havis plie la frontotitolon de la supera milita Konsilio malfondita en 1999.

119 ABC kaj FOX sciigis dum la semajno de la 20-a de Marto 2003, la malkovron de la amasdetruaj armiloj negitaj de la iraka registaro kaj FOX titolis "Grava kemia fabriko malkovrita en Irako".

120 Temas pri malgranda atombombo, kies ĉiu ekzemplero kapablas detrui la koron de granda urbo. La akuzo estis republikigita en *Le Vif-Express*, la 20-an de Septembro 2003.

121 Vidu la artikolon pri tiu temo de Alain Larcan, eksprezidanto de la franca nacia Akademio pri medicino, "L'arsenal oublié des Américains", en *Le Figaro* de la 5/6-a de Julio 2003.

122 Vidu *Le Monde* de la 4-a de Julio 2002; *Le Vif-Express* de la 24-a de Majo 2002.

123 La reklamoj por tiuj "kits" estis regule videblaj sur Fox News kaj CNN en Marto 2003. Vidu ankaŭ unu el tiuj reklamoj ekzemple en *The New York Times* de la 12-a de Marto 2003.

124 *La Libre Belgique* de la 19/20/21-a de Aprilo 2003.

125 Letero publikigita merkredon 2-an de Julio 2003 de *The Guardian*.

126 *La Dépêche*, la 23-an de Septembro 2022.

127 Citita de DEMARTIAL (G.), verko citita, paĝo 300.

128 Teksto de Maurice Barrès de la 8-a de Septembro 1914, ok tagojn post la batalo, citita de DEMARTIAL (G.), verko citita, paĝo 139.

129 Raporto publikigita en *Newsweek* la 7-an de Majo 2000. Vidu ankaŭ *Newsweek* de la 15-a de Majo 2000 kaj *Le Monde* de la 12-a de Majo 2000. Dua raporto, konfidita al generalo Corley laŭdire konfirmis la unuajn taksadojn, sed la kunlaboranto de Clarck, la brito Rupert Smith kaj lia stabestro la germano Dieter Stockmann konsilis al sia ĉefo havi nenian konfidon al tiu raporto ellaborita laŭ tro interkonsentita maniero.

130 La detaloj estis publikigitaj en artikolo de la faka revuo *Flight international*, kies enhavo estis publikigita ankaŭ en *Le Monde* la 17-an kaj 18-an de Septembro 2000.

131 La ciferoj estis publike sciigitaj de generalo Dragoljub Ojdanic, stabestro de la armeo de la federala Respubliko de Jugoslavio, la 15-an de Junio 1999 kaj publikigitaj de *Balkans-infos* n. 41, Februaro 2000, paĝo 4.

132 Por Afganio, sciigo ĉe la belga televido RTBF la 25-an de Oktobro 2001.

133 *Le Soir* korektis la informon de la 27-a de Marto 2003 en artikolo de Baudouin Loos titolita "Avez-vous vérifié l'information ?"

134 Ekzemple en *Le Monde*, la 18-an de Aŭgusto 2022.

135 Vidu liajn artikolojn en *L'Illustration*, aparte tiujn de la 24-a de Decembro 1915 kaj de la 3-a de Novembro 1917, cititajn de DEMARTIAL (G.), verko citita, paĝoj 161-162.

136 Vidu *Le collier de Bellone* kolektita de DUPIN (G.) kaj citita de DEMARTIAL (G.).

137 Citita de HORNE (J.), verko citita, paĝo 134.

138 *Sunday Chronicle* la 2-an de Majo, citita de PONSONBY (A.), verko citita.

139 *Son bras gauche restait obstinément difforme / Il était l'Empereur mais demeurait celui... / qui ne parvient pas à soulever le glaive / À deux mains devant lui* (Lia maldekstra brako restis obstine kripla / Li estis la imperiestro sed restis tiu / Kiu ne sukcesas levi la glavon / Per du manoj antaŭ si). VERHAEREN (É.) *Les ailes rouges de la Guerre*, Parizo, Mercure de France, paĝo 84.

140 Same, paĝoj 195 ĝis 201.

141 En *La Belgique sanglante*.

142 Citita de Arthur Ponsonby, verko citita.

143 Vidu MORELLI (A.) "La guerre de 1914-1918 et l'art religieux en Belgique" en *Facettes du christianisme, études offertes au Professeur Jean Hadot* (Bruselo, 1985), paĝoj 101 ĝis 120.

144 HORNE (J.), verko citita, paĝo 135.

145 Citita de DEMARTIAL (G.), paĝoj 137-138

146 PROCHASSON (CH.), *Les intellectuels, le socialisme et la guerre (1900-1938)*, Seuil, Parizo, 1933 paĝo 114.

147 Same.

148 Same, paĝoj 115 ĝis 117; kaj HANNA (Martha), *The Mobilization of intellect French Scholars and Writers during the Great War*, Harvard University Press, 1996. Tiu verkisto analizas aliparte la mankojn, kiujn kovras tiu ŝajna unuanimismo, interalie en la debato pri Kant, defendita de la maldekstro kaj abomenita de la dekstro.

149 Publikigita de Hachette en 1915.

150 La kompleta listo de la subskribintoj troviĝas en PROCHASSON (CH.), verko citita, paĝoj 294-295.

151 Antaŭparolo al la verko de PROCHASSON (CH.), verko citita, paĝo 9.

152 Vidu citaĵojn en DEMARTIAL (G.), verko citita, paĝoj 11, 85, 159 kaj 239.

153 En *Clérambaut, Histoire d'une conscience libre pendant la guerre*, Albin Michel 1920, paĝo 104.

154 Same, paĝoj 105.

155 Kelkaj estis provizore persekutitaj je la liberigo kiel kunlaborantoj.

156 Ekzemple, lia parolado al la Kongreso, la 8-an de Decembro 1941.

157 Vidu la afiŝon "La usonanoj ĉiam luktos por la libereco" (publikigita en PAUWELS (J.), verko citita, paĝo 113), vera pentra komponado kiu prezentas la batalantojn de la porsendenpenda milito de 1778 kaj tiujn de 1943 impetantaj por helpi la saman kaŭzon.

158 Vidu "Ni luktas por...", publikigita en PAUWELS (J.), verko citita, paĝo 114.

159 Rilate la prezentadon kaj la analizon de tiuj dokumentoj, oni aparte konsultos la verkon *Guerres et propagande ou comment armer les esprits*, Crédit Communal, Bruselo, 1983.

160 Kreitaj de Victor Hubinon kaj Jean-Michel Charlier.

161 *Ciel de Corée* (Ĉielo de Koreio) kaj *Avions sans pilotes* (Aviadiloj sen pilotoj).

162 De Le Rallic

163 Tiu bildrakonto, aperinta en 2000, ne estas verko de la forpasinto Edgard P. Jacobs, sed de liaj "posteuloj" (Yves Sente kaj André Julliard). Oni trovos en *Avancées* de Julio-Aŭgusto 2000, paĝoj 38-39, analizon de la ideologio de tiu albumo.

164 Pri la kontraŭkomunista propagando, oni konsultos aparte Pascal Delwit kaj José Gotovitch (eld.), *La peur du rouge*. Eldonejo de la universitato de Bruselo, 1996.

165 Bernard-Henry Levy, Daniel Schneidermann, Patrice Canivez (docento en la unversitato de Lille 3), Alain Joxe (direktoro de studoj en la lernejo de altaj studoj pri socialaj siencoj), Pierre Bayard kaj Jean-Louis Fournel (profesoroj en la universitato de Parizo 8... inter multaj aliaj.

166 Alia mapo, publikigita en la sama numero (paĝo 76 de la angla eldono) estas supozita reprezenti la situojn de amastombejoj faritaj de la serboj en Kosovo. Ĝi konformiĝas al neniu oficiala nombrado. En la sama numero troviĝas fotoj de serboj kun minacaj mienoj (paĝoj 78-79), rifuĝintoj, mortoj, ruinoj... kaj timidaj albanaj junulinoj de Kosovo, alportantaj florojn al la soldatoj de NATO.

167 Vidu *Le Vif-L'Express* de la 7-a de Julio 2000.

168 Citita de DEMARTIAL (G.), verko citita, paĝoj 137-138.

169 En Belgio, ekzemple, *Le Soir*, la 16-an kaj 17-an de Februaro 2002, sed ankaŭ la 25-an de Februaro 2007, en kiu Guy Haarscher apogas la vidpunkton de la subskribintoj.

170 *The New York Times*, la 11-an de Marto 2003, kun la mencio "averto".

171 *The New York Times*, 9-an de Marto 2003.

172 *The New York Times*, 2-an de Marto 2003

173 *The New York Times*, 9-an de Marto 2003.

174 rtbf.be, 7-an de Marto 2022.

175 De laude novae militiae III, 4, c, 924 B, vidu ankaŭ la enkondukon de M. David al la unua volumo de la verko de Sankta Bernardo, Parizo, Aubier-Montaigne, 1945, paĝoj 45 ĝis 47.

176 *La Nobla Korano*, tradukita el la araba de Italo Chiusi, eldonita de TK, en la serio Oriento-Okcidento n. 10. Ĉapitro 9, 10-a parto, versikloj 29 kaj 5.

177 *Patriotisme et endurance, lettre pastorale de Noël 1914*, Eld. Bloud et Gay, Parizo.

178 Oni scias ke la religio multe ĉeestas en la publika usona vivo. Régis Debray diris – malice! – ke *kapo estas usonigita, kiam ĝi anstataŭigis la politikon per la evangelio* (*Le Monde* de la 1-a de Aprilo 1999).

179 *If the spirit of God is not within us, and we are not prepared to give all we have and are to preserve Christian civilization, then our hand will be headed for destruction*, la 2-an de Septembro 1940, citita en *America Chooses!*, verko citita, paĝo 33.

180 *As Americans, we go forward in the service of our country by the will of God.* 20-an de Januaro 1941, citita en *America Chooses!*, verko citita, paĝo 79.

181 Citita en *America Chooses!*, verko citita, paĝoj 86-87.

182 Ekzemple, citita en *America Chooses!*, paĝo 72, diskurso, la 6-an de Januaro 1941 pri la Ŝtato de la Unio kaj paĝo 124, diskurso de la 27-a de Majo 1941.

183 Vidu du ekzemplojn en PAUWELS (J.), verko citita, paĝoj 113-114.

184 Citita en *America Chooses!*, paĝo 95, Parolado de F. D. Roosevelt la 17-an de Marto 1941.

185 La vorto estas uzita, ekzemple, de André Glucksmann kontraŭ Rusio en *Paris Match*, la 27-an de Julio 2000, paĝo 77.

186 *Le Monde*, 29-an de Junio 2000 publikiganta lian paroladon de la 27-a de Junio 2000, *Bulletin d'actualité du ministère des Affaires étrangères français* de la 27-a de Junio 2000

187 *Days of terror in presence of the international Forces*, publikigita de Centre for Peace and Tolerance.

188 Ŝajnas konstatite kiel vere, ke pluraj dekoj da serbaj ortodoksaj preĝejoj estis detruitaj ekde Junio 1999.

189 M-sro Jacques Delaporte, ĉefepiskopo de Cambrai. Pri tiuj diversaj vidpunktoj vidu Xavier Ternisien, "Les Églises face à la 'guerre juste' ", en *Le Monde*, la 27-an de Majo 1999.

190 En *Le Monde*, la 8-an de Aprilo 1999, artikolo de François Bonnet.

191 André Glucksmann en sia artikolo por subteni la ĉeĉenojn (*Paris Match*, la 27-an de Julio 2000, paĝo 82) "forgesis" sciigi al siaj legantoj tiun "detalon".

192 Vidu ekzemple Xavier Ternisien, "L'Islam européen des Albanais" en *Le Monde*, de la 15-a de Aprilo 1999, paĝo 16.

193 *De la guerre à la paix*, Eld. Payot, 1924.

194 DEMARTIAL (G.), verko citita, paĝo 269.

195 *Progrès civique*, de la 24-a de Septembro 1921, citita de DEMARTIAL (G.), verko citita, paĝo 271.

196 PROCHASSON (CH.), verko citita, paĝoj 162 ĝis 167 kaj 212.

197 Tiuj tri referencoj elvenas el HOCHSCHILD (Adam). *Les fantômes du roi Léopold – Un Holocauste oublié*, paĝoj 338-339 kaj 399.

198 Citita de DEMARTIAL (G.), verko citita, paĝo 298; laŭ *Le Matin*, 6-an de Aprilo 1918, citante *Kansas City Star*.

199 *America Chooses*, verko citita, paĝoj 51-52, diskurso de la 25-a de Aprilo 1941.

200 Same, paĝoj 40-41, 24-an de Oktobro 1940.

201 Same, diskurso de la 4-a de Novembro 1940 en Cleveland, Ohio.

202 Same, paĝo 51, diskurso ĉe la tombo de la nekonata Soldato en la tombejo de Arington, la 11-an de Novembro 1940.

203 Vidu DELWIT (Pascal) kaj GOTOVICH (José), *La peur du rouge*, Bruselo, 1996.

204 Kvarcent grekoj kaj turkoj el la insulo submetiĝis al sangoelprenoj por trovi potencialan donanton de mjelo por savi de la leŭkemio du infanojn. Tiu iniciativo estigita de "miksaj" grupoj ne estis bone akceptita de la estraroj, ĉu grekaj ĉu turkaj. La gazetoj akuzis pri perfido la partoprenantojn al tiuj interkomunumaj grupoj. (*Le Vif-L'Express*, 14-an de Aprilo 2000).

205 Kiu malkonsentis partopreni la grandan spektaklon "Por Kosovo" memorigante ke la maksimuma sumo kiun tiu vespero povus rikolti egalvalorus nur al la prezo de du aŭ tri bomboj ĵetitaj ĉi tiun tagon de NATO.

206 La vortoj estas tiuj de Georges Moustaki, en lia atikolo titolita "À Daniel Cohn-Bendit" (*Le Monde* la 3-an de Junio 1999).

207 COLLON (M.) Monopoly – *L'Otan à la conquête du monde*, verko citita, paĝo 48.

208 *Le Monde*, la 13-an de Julio 2000.

209 *Le Monde-télévision*, dimanĉon la 11-an kaj lundon 12-an de Aprilo 1999, kaj dimanĉon la 27-an kaj lundon 28-an de Junio 1999.

210 Citita laŭ HALIMI (S.) kaj VIDAL (D.), *L'opinion ça se travaille*, verko citita, paĝo 58.

211 Same, laŭ HALIMI (S.) kaj VIDAL (D.), verko citita, paĝo 60.

212 La teatraĵo titoliĝis: *La promenade en pirogue ou la pièce à propos d'un film sur la guerre*.

213 Vidu *Le Monde* de la 11-a de Junio 1999 kaj de la 13-a kaj 14-a de Junio 1999.

214 *Le Monde* de la 18-a de Majo 1999.

215 *Le Monde-télévision*, la 16-an kaj 17-an de Majo 1999.

216 Vidu spring@ci.berkeley.co.us

217 La afero Anthony Mundline estas konsultebla en la aŭstraliaj gazetoj dum la Oktobra monato 2001 kaj aparte en *Sydney Telegraph* (artikolo de Piers Akerman) kaj *Sydney Morning Herald* (artikolo de Miranda Devine).

218 Artikolo de Christopher Hitchens citita de Gary Younge, *The Guardian*, la 11-an de Februaro 2003.

219 En *New York Times*, 9-an de Marto 2003, paĝo 25.

220 Same, paĝo 19, publikigita kiel traduko aŭ en alia versio en diversaj eŭropaj gazetoj. (ekzemple *Le Soir*, la 24-an de Marto 2003).

221 *The New York Times*, la 12-an de Marto 2003.

222 Emilie Clark kaj Lytle Shaw gluis la fotojn faritajn de Paul Chan. Ilia arestado estis parto de serio de timigadoj kiuj celis impresi la protestantojn.

223 *La Croix*, la 14-an de Junio 2022.

224 "Propos de Jean-Luc Mélenchon sur Taïwan: la polémique résumée en quatre actes", www.francetvinfo.fr la 6-an de Aŭgusto 2022.

225 www.7sur7.be, Alexander De Croo recadre le PTB: "C'est révoltant, on dirait que Poutine a des alliés dans ce parlement."

226 Mi legas ke Laurence Van Ypersele (UCL) en la revuo *Louvain* n°107, Aprilo 2000, skribas, ke *estas la totalismaj reĝimoj kiuj spertiĝis en la falsado de la historio per la bildo […] La avantaĝo de la demokratioj estas ke ili neniam havis la tutan monopolon pri la produkto kaj la publikigo de la bildoj […] Tiu produktado […] elvenis el pluraj flankoj kelkfoje pli kontraŭstarantaj, lasante eblan lokon por kontraŭdiskursoj. Tiuj asertoj estas, laŭ mi, falsaj almenaŭ dum milita periodo.*

227 Aŭ pli ekzakte li dirigis, ĉar temas pri Greg kiu metis tiujn vortojn en la buŝon de sia heroo Achille Talon.

228 Jamie Shea, *French intellectuals in the Great War 1914-1920*, Ph. D. thesis. Li konsideras ĉian oponon aŭ kritikon de la Unua Mondmilito kiel sentimentalan pacismon.

229 Joël Kotek estas la aŭtoro de *Le siècle des camps : détention, concentration, extermination, cent ans de mal radical*, eldono J.-C Lattès 2000.

230 Vidu la analizon kiun GEUENS (G.) de la Lieĝo universitato dediĉis al la konstruado de tiuj bildoj, "De l'archétype savant au stéréotype politique. Figures médiatiques du leader ouvrier", en *Quaderni*, N° 40 vintro 1999-2000.

Enhavo